KB046218

쌓이면 스트레스가 풀리는 유머

어쩌다 유머

대한유머동우회 편저

법문북스

세상을 살다보면 짜증나는 일이 한두 번이 아닙니다.
그래서 받게 되는 스트레스
여러분은 날마다 받는 스트레스를 어떻게 해결하십니까?
외국에서는 웃으면 고혈압이 내려간다고 의사의 처방에서도 맘껏 웃으라고 합니다.
스트레스 쌓이면 병이 됩니다.
우리나라 직장인들의 스트레스가 세계에서 최고로 많이 받는다고 합니다.
웃으십시오.
그것이 사회가 건강해지고 자신이 몸이 건강해지는 겁니다.
짜증나는 세상 잠시라도 웃을 수 있다면 밝은 내일이 다가올 것입니다.

웃음이 그리워질 때,
짜증나거나,
열 받거나,
심심할 때,
크게 한번 웃어보십시오.
1분이면 스트레스가 확 날아가 버립니다.

이 책을 읽기
전에

스트레스를 제거해 주는 웃음지수 알아보기

스트레스를 제거해주는 웃음지수 알아보기

♥ 당신의 웃음지수는 얼마일까?
  아래 각 문항에 번호를 기입하면 된다.

① 매우 그렇다 –   5점
② 그렇다 –   4점
③ 보통 –   3점
④ 그렇지 않다 –   2점
⑤ 전혀 그렇지 않다 – 1점

Smile for me

1. 나는 나를 좋아한다.

2. 나는 일상의 작은 일에서도 행복을 느낀다.

3. 나는 슬퍼질 때 일부러 더 즐거운 생각을 한다.

4. 나는 실수했을 때 내 스스로에게 긍정적인 말을 해준다.

5. 나는 잔뜩 긴장된 순간 웃음으로 여유를 찾는다.

6. 나는 나에겐 힘든 상황에서 웃게 만드는 꿈이 있다.

7. 나는 하루의 시작을 웃음으로 한다.

8. 나는 혼자 있을 때도 좋은 생각을 하며 웃음 짓곤 한다.

9. 나는 평소 얼굴표정이 밝은 편이다.

10. 나는 큰소리로 웃는 것이 자연스럽다.

11. 나는 웃으면 건강해진다고 생각한다.

12. 나는 재미있는 얘기를 할 때 자신 있게 한다.

13. 나는 생활 속에서 웃음꺼리를 쉽게 찾는다.

14. 나는 나에 대한 충고나 비판을 겸허한 웃음으로
    수용한다.

15. 나는 내 기억 속엔 재미있고 즐거운 추억이 많다.

16. 나는 가족 또는 동료들과 하루에 5번 이상 웃는다.

17. 나는 가족 또는 동료들의 짜증을 웃으면서 들어준다.

18. 나는 가족 또는 동료들에게 감사의 표현을 자주한다.

19. 나는 비꼬는 유머나 부정적인 유머를 피한다.

20. 나는 3개 정도의 재미있는 유머를 할 수 있다.

21. 사람들은 즐거운 분위기를 위해 나를 찾는다.

22. 나는 대화를 할 때 웃음이 많은 편이다.

23. 나는 화가 난 상황에서도 먼저 웃음으로 화해를 청한다.

24. 나는 낯선 사람에게도 자연스럽게 웃을 수 있다.

25. 나는 다른 사람의 실수를 웃음으로 넘길 수 있다.

26. 나는 웃음을 통해 상대방의 기분을 바꿔준다.

27. 나는 다른 사람들의 칭찬을 자주 하는 편이다.

28. 나는 타인의 즐거움을 위해 우스꽝스럽게 행동할 수 있다.

29. 나는 같은 말도 더 재미있게 하려고 노력하는 형이다.

30. 나는 대부분의 상황에 있어서 긍정적인 측면을 본다.

스트레스를 해소하는 나의 웃음 지수는 얼마?

· 121점 ~ 150점
  (유머로 스트레스를 한방에 날리는 형)

유쾌한 분위기를 즐기는 당신은 인생의 멋을 알고 있다. 매사에 긍정적인 사고를 지녀 웃는 것이 자연스럽게 생활화되어 있다. 작은 일에서도 행복을 느끼는 당신은 타인을 웃음으로 즐겁게 해주는 천부적인 능력까지 있다. 따라서 사람들은 당신을 만나기만 해도 즐거워한다.

당신이 가진 긍정적인 생각과 웃음 바이러스를 다른 사람들에게 전파하면 좋겠다.

Smile for me

Smile for me

· 91점 ~ 120점
  (유머로 스트레스를 푸는 형)

당신은 환한 얼굴로 사람들을 편안하게 함과 동시에 인생의 멋을 알고 있다. 그러나 자기만의 웃음이 아닌 타인과 공유하는 웃음에는 서툰 경향이 있다. 또 부정적인 상황을 웃음으로 극복하는 것도 부족하다. 인생에서 최고경영자를 꿈꾼다면 불행 속에서 웃을 수 있는 용기가 있어야하겠다. 웃음의 영향력을 넓힐수록 유리하다.
그것은 당신을 성장시키는 중요한 키포인트다.

· 61점 ~ 90점
(절반만 스트레스를 풀고
절반의 스트레스를 남기는 형)

기본마인드나 가치관은 긍정적이지만 자주 웃는 성격이
아니다. 기존에 가지고 있던 웃음에 대한 편견들을 버리
고 웃어보자. 웃음이란 안에서 밖으로, 밖에서 안으로 전
염되기 때문이다. 따라서 웃는 연습을 통해 웃음의 행복
을 원한다면 지금 당장 웃어라.

· 0 ~ 60점
(유머로 스트레스를 풀지 못하는 형)

차례

스트레스를 제거해주는 웃음지수 측정 데이터

1분이면 스트레스가 100% 풀리는 유머
36 '지'자로 끝나는 말
39 재미있게 신체검사 받기
40 개쉑이
42 재미있는 계산법
43 건망증
44 방법의 차이
46 중고차
47 재미있는 난센스
49 최대불황
50 그…그게 뭐…뭐예요?
51 전문가와 비전문가
52 오래된 참새 시리즈
53 뛰는 자 위에 나는 자
54 재미있는 상상하기

차례

55 고물차에 어울리는 전단지

56 세계 경찰 콘테스트

57 생일 축하하기

59 전화할 때 애정 테스트

60 약속장소에 30분 늦게 나왔을 때

61 여자가 감기 걸려 콜록거릴 때

62 남자가 자기 친구에게 여자를 소개할 때

63 데이트 끝나고 집에 보내줄 때

64 흡혈기의 보리차

66 여기가 어디죠?

67 무슨 은행을 털었을까요?

68 전화

69 경상도 신혼 부부

71 동문서답

72 너 모야?.

74 개쉑이 두번째

76 대한민국 남편들에게 고함

차례

79 아빠도 오줌 쌌지?

80 배려

81 어려운 문제

82 첫날밤에 혹시 이런 일 있었나요?

84 놀라운 비아그라의 효능

86 친절한 의사

87 어느 축구 해설자의 화려한 언변

88 담보

89 초보 의사

90 으악! 난 아직도 하수?

92 달력

93 동화를 어른들이 읽으면?

94 아들자랑

95 화장실 체험기

96 20대와 장가가는 비법

97 파리가 대학교에 가면?

99 정신병원 이야기

차례

100 오랜만에 참새 시리즈

101 30분

102 바람둥이의 고민

103 성숙한 아이

104 거북이의 비밀

105 훔쳐보기

106 군인정신

107 고3의 기도

108 대파 주이소

109 가슴이 찌그러진 이유

110 니도 들었제

111 초보 스키

113 남자는 바보

114 셀프 서비스

116 손가락 테크닉

117 비 오는 날의 추억

118 주정꾼

차례

119　여자의 옷을 벗기는 남자

120　영계

121　속옷 사이즈 재는 방법

122　싫어! 싫어! 싫다니까!

124　잠꼬대

125　절대안정이 필요

126　직업으로 돌리기

127　시원찮은 남편

128　니가 뭘 알아?

129　뜨개질

130　바람둥이 여자 이름 아는 법

132　밥 한술이?

134　공처가의 변명

135　사기 결혼

136　탈옥했다가 돌아온 이유

137　나체 마라톤

140　참회의 기회

차례

141 스포츠카와 닭

142 영어로 읽는 유머

143 줄을 서시오

144 반했습니다.

145 대패 밥을 찾아와요

146 착각도 자유

148 교통위반

149 맛이 달라

150 안 받고 싶어요.

151 씨 없는 수박

152 119 구조대

153 거스름 돈

154 장난감

155 밤에만 입는 정장

156 비행기가 추락하면

157 천만다행

158 도서관에서

차례

159 아직은

160 시켜서 못하면 죽어

161 처녀

162 거지의 불만

163 오늘밤은 참으세요.

164 여자의 심각한 증상과 의사

165 착한 아줌마

166 작지만 단단한 놈

167 과다노출

168 등산 좀 자주 갑시다

170 시대차이

171 가슴이 작은 여자?

172 114

173 놀부와 스님

174 영어로 읽는 유머

175 목요일은 안되요

176 요즘 남자 요즘 남편

차례

177 피장파장

178 웃기는 남자

179 알미운 여자

180 연대별 상품

181 잠자리의 행태

182 부부의 동거 형태

183 세대별 정력

184 저승사자가 부르면

185 학과별 물에 빠진 사람 구하는 방법

187 너도 내 나이 돼봐

189 칠수 왔어?

190 어디서 쉴까?

192 여관에서 죽이고 싶은 여자

194 새총 만들기

196 누구야!

198 찜질 방에서 부부와 불륜 차이점

200 남자의 답변

차례

205 영어로 읽는 유머

206 나하고 연예할까....??

207 자랑하기

208 황당 유머

209 황당 유머

210 황당 유머

211 황당 유머

212 황당 유머

213 황당 유머

214 황당 유머

215 황당 유머

216 바람난 아내

217 거기 몇 번이죠?

219 누구의 잘못이 더 클까 ?

220 제비와 꽃뱀

221 초코 우유

222 야한 라디오

차례

223 배워요!

224 안 쓰는 물건..

225 곶감세기

228 그놈을 좀더 가두어 두어라

232 흔들어도 좋아 재발 싸지는 말아 줘

233 여자들이 버스기사아저씨를 좋아하는 이유

236 여자는 세 번 변한다

240 현명한 부인

242 밤마다 신음소리를 내는 그녀(?)

244 남자 기죽이는 방법

247 영어로 읽는 유머

248 유언

249 황당 유머

250 황당 유머

251 황당 유머

252 황당 유머

253 황당 유머

차례

254 황당 유머

255 황당 유머

256 남자와 여자의 몸 가격

257 전철역이름 풀이

259 방귀로 알 수 있는 성격

Black Humor

1분이면 스트레스가 확 풀리는 유머

'지' 자로 끝나는 말

어느 미팅이벤트사에서 100쌍의 남녀가 참가한 가운데 단체미팅행사를 진행하고 있었습니다.

파트너가 정해지고 게임이 흥겹게 진행되고 있었는데, 이때 사회자가 상품을 내걸더니 야릇한 표정으로 퀴즈를 냈습니다.

"사람 몸에서 '지' 자로 끝나는 신체부위는 무엇이 있을까요?"

그러자 사방에서

'장딴지''허벅지''엄지''검지''중지'

등의 답들을 외치느라 정신이 없었지요.

얼마 후 떠들썩한 분위기가 가라앉으면서 갑자기 조용해졌습니다.

이때 사회자가 나지막한 소리로

"실제로 몇 개 안됩니다."

라면서 음흉한 표정을 짓고는,

"자~ 여러분. 아직까지 아는 답이 남았습니다. 이번에 답을 맞히시는 분에겐 10만원상당의 상품권 1장을 드리겠습니다."

라며 답을 유도했습니다.

그러면서 사회자가 또 나지막한 소리로

"다들 아시죠. 있잖아요. 그거…."

라고 했습니다.

그렇지만 그 상황에서 누가 그것을 얘기하겠습니까? 설레는 마음으로 좋은 이성을 만나기 위해 온갖 내숭을 떨어야하는 그 상황에서 말입니다.

그때였습니다.

"저요"하며 한 아가씨가 손을 들었지요. 그러자 온 시선이 그 아가씨에게로 집중되었습니다.

사회자: (음흉하게 웃으면서) 예, 말씀하시죠.

아가씨: (배시시 웃으며) 모가지!

그 말에 모든 사람들이 배꼽을 잡고 웃었습니다. 그 아가씨는 정말 예쁜 얼굴에 청순 미를 갖춘 퀸카였습니다. 그런 아가씨가 '모가지' 라고 말하다니….

그러나 짓궂은 사회자가 그냥 넘어갈 리가 없지요.

사회자: (야시 하게 쳐다보며) 아, 대단하시군요. 하나 더 말하시면 1장 더 드리겠습니다.

모든 사람의 눈이 아가씨의 입술로 집중되었습니다.

아가씨: (곤혹스런 표정을 짓다가) 아! 해골바가지!

Black Humor

모두들 대단한 아가씨라고 박수를 치며 웃느라 정신이 없습니다.

사회자: (약간 화가 난 듯) 좋습니다. 마지막으로 하나만 더. 이번에는 항공권까지 드리겠습니다.

아가씨: (잠시 침묵을 지킨 후) 배때지!

사회자: (완전 흥분하여) 조~오습니다. 이제 정말 마지막으로 하나만 더 부탁합니다. 이젠 남은 상품 모두 드리겠습니다.

아가씨: (잠시 침을 꼴깍 삼키며) 코~딱~지!

이말 한마디에 장내는 온통 웃음바다가 되면서 뒤집어졌습니다.

재미있게 신체검사 받기

Black Humor

신체검사를 받으러 간 청년은 신체검사 불합격 판정을 받기 위해 시력을 속이기로 마음을 먹었다.

여자 시력 검사관이 가장 큰 글자를 가리키며 보이느냐고 물어도 청년은 계속 안 보인다며 오리발을 내밀었다.

화가 난 여자 검사관이 웃옷을 벗고 자기 가슴이 보이냐고 했다.

그러나 꿋꿋한 우리의 남자, 이에 굴하지 않고 안 보인다고 딱 잡아떼며 말했다.

"아니고. 안 보여요…."

그러자 여자 검시관이 잔뜩 성난 표정을 지으며 남자에게 다가와 말하는 거야.

"안 보여? 그런데 이게 왜 서, 짜샤~!!"

개쒝이!

내 나이 39살 법적 처녀임은 물론이고, 생물학적으로도 완벽한 처녀다. 학교도 K대를 나왔고 직장도 좋은 곳이라 무척 안정적입니다. 그렇지만 키가 작고 뚱뚱해서 주변에 남자가 한 명도 없습니다.

정말 난 결혼하고 싶은데….

30대에 접어들면서 많은 선을 봤지만 모두 1시간 짜리 남자들이었습니다. 대부분 차를 마시는 둥 마는 둥 하면서 시계나 핸드폰만 보다가 가는 남자들이었습니다.

어제도 선을 봤습니다만, 남자가 1시간이나 늦게 나왔습니다. 그런데 이 남자의 매너와 교양은 전당포에 저당 잡혀진 것 같았습니다.

최소한 선보는 자리엔 정장차림이나 최소한 깔끔하게 나와야 하는데, 그는 찢어진 청바지에 청재킷이었습니다.

그래도 39살이란 내 나이 때문에 굽히고 들어갔습니다. 남자는 다른 남자와는 많이 달랐습니다. 오자마자 밥집으로 가서 얘기를 나눴지요. 한마디로 매너나 교양뿐만 아니라 상식도 없는 너무나 무식했습니다.

그래도 난 어쩔 수가 없습니다. 난 39살 노처녀이기 때문입니다. 이 남자는 그나마 나와 시간을 보내주었지요.

우리는 밥을 먹고 술을 마시러 갔습니다. 가장 오래 만난 남자이고, 같이 단둘이 술을 마신 첫 남자였습니다. 취기가 조금 오르자 이 남자는

"전문대도 괜찮겠냐?"

라고 하는 것이었습니다.

전문대라…, 학벌이 결혼과 무슨 상관이겠습니까.

그래서 난

"네, 괜찮아요."

라고 했다.

그러자 그 남자는 또다시

"진짜, 진짜, 전문대도 괜찮겠어?"

라고 물었다.

난 웃으면서

"괜찮아요. 전문대도. 그게 무슨 상관인가요?"

그러자 그 남자는 느닷없이 내 유방을 마구 문질러댔습니다.

개쉐이!

Black Humor

재미있는 계산법

직장 상사인 김 부장은 새로 들어온 여사원이 너무 맘에 들었다.

그래서 끈질기게 달래고 설득한 끝에 백만 원을 주기로 하고 하룻밤을 보냈다.

그런데 다음날, 김 부장이 여사원에게 내준 봉투에는 5십만 원밖에 들어 있지 않았다.

그 여사원은 김 부장에게 왜 돈이 5십만 원뿐이냐고 회사에서 따지고 싶었다만 다른 사람 이목도 있고 해서 직접적인 표현은 못하고 김 부장에게 말을 건넨다.

"집 빌려 주면 돈을 주겠다고 해서 빌려 줬더니 왜 반밖에 안 줘요?"

"첫째, 집이 새집이 아니었고 둘째, 집이 너무 추웠고 셋째, 집이 너무 컸어."

그 말을 듣고 여사원은 이렇게 말했다.

"첫째, 집이 새집이라는 것은 계약상에 없었고 둘째, 보일러가 있었는데 사용법을 몰랐으며

셋째, 집이 큰 것이 아니라 가구가 너무 작았다고요."

건망증

할머니가 통장과 도장이 찍힌 청구서를 은행원에게 내밀며 돈을 찾으려고 했다.

은행원이

"청구서와 통장도장이 다릅니다. 통장도장을 갖고 오세요."

그러자 할머니는 급하게 오느라 실수했다며 통장을 은행원에게 맡기고 금방 온다고 하면서 나갔다. 아무리 기다려도 오지 않던 할머니는 은행 문을 닫을 때쯤 헐레벌떡 들어와 은행원에게 애원하듯이 말했다.

"아가씨 미안한데 반장도장으로는 안될까? 아무래도 통장을 찾을 수가 없어서…."

방법의 차이

한 남자가 아내와 함께 시골에 살고 있었다.

남자는 도시로 나가 열심히 날품을 팔았지만 집안은 여전히 찢어지도록 가난했다.

하지만 샤론 스톤을 능가하는 섹시 미를 지닌 아내가 있었기 때문에 남자는 행복한 나날을 보낼 수 있었다.

그러던 어느 날, 아내 혼자 집에 있는데 이웃집 남자가 갈비를 사들고 찾아왔다.

"내가 갈비를 줄 테니 시키는 대로하겠소?"

갈비에 혹한 아내는 남자를 몸보신 시켜 줄 생각에 흔쾌히 남자의 요구에 응했다.

그 날 저녁, 밥상에 오른 갈비를 본 남자는 어디서 난 거냐고 아내에게 물었다.

순진한 아내는 남자에게 그 날 낮에 있었던 일을 하나도 빼놓지 않고 이야기했다.

이야기를 들은 남자는 아내를 패 죽이고 싶을 만큼 화가 났지만 가까스로 참고는 단단히 주의를 주었다.

"앞으로는 절대 하지 마! 알았어?"

다음 날도 남자는 날품을 팔러 나갔지….

그런데, 세상에 저녁 밥상에 또 갈비가 올라와 있는 거야.

화가 난 남자는 아내의 머리를 쥐어박으며 소리쳤어.

"어떻게 된 거야" 내가 앞으로는 절대 하지 말라고 그랬잖아?"

그러자 아내가 자라목을 하고 기어 들어가는 목소리로 말했다.

"당신이 시킨 대로 앞으로는 안 했고 뒤로 했는데…."

켁!

중고차

맹구가 자신의 오래된 차를 팔려고 했다.

하지만 맹구의 차는 25만km를 달린 고물차라서 아무도 관심을 가지지 않았다.

실망한 맹구가 친구에게 고민을 얘기하자 친구가 "한 가지 방법이 있긴 한데, 이건 불법이야."라고 말했다.

그러자 맹구는

"괜찮아! 괜찮아. 차만 팔면 돼!"

라고 하자 친구는

"좋아, 그럼 이 사람에게 연락해봐. 내 친구인데, 자동차 정비소를 하거든. 내가 소개했다고 하면 숫자를 5만으로 고쳐줄 거야. 그럼 팔기 쉬울 거야."라고 말했다.

몇 주 뒤에 친구가 맹구에게 전화로

"차 팔았니?"

라고 묻자

"아니. 왜 차를 팔아? 이제 5만km밖에 안됐는데?"

White Humor

재미있는 난센스

자 맞춰봐~!

가장 기분 좋고 황홀한 춤은? 입맞춤

가장 비싼 술은? 여자 입술

고추 값이 오르면 걱정되는 사람은? 노처녀

성폐쇄설은 누가 주장했을까? 고자

성억제설은 누가 주장했을까? 참자

찔러도 피 한 방울 안 나는 사람은 노(NO)처녀

팬티의 순수 우리말은? 으뜸 부끄럼 가리개

브래지어의 순수 우리말은? 버금 부끄럼 가리개

벌건 대낮에도 홀랑 벗고 손님을 기다리는 것? 통닭

유부녀를 가장 좋아하는 사람은? 산부인과 의사

알몸으로 성공한 여자는? 누드모델

키스의 한자 숙어(힌트는 4글자)는? 선왕설래

여자가 히프를 좌우로 흔드는 이유는? 추가 없기 때문에

여자의 히프가 큰 이유는? 요강에 빠지지 말라고

여자가 지켜야 할 도리는? 아랫도리

고추잠자리를 두 글자로 줄이면? 팬티

옛날 여자가 절개를 위해 은장도를 지녔다면,

                    요즘 여자들은? 피임약

피가 나야 좋은 것은? 고스톱

남녀가 자고 나면 생기는 것은? 눈곱

세상에서 제일 더럽고 추잡스런 개는? 꼴불견

유일하게 날로 먹을 수 있는 오리는? 회오리

아수라 백작의 아들 이름은? 아수라장

'술과 커피는 안팝니다.'를 사자성어로? 주차금지

자전거를 못 탄다는 말은? 모터사이클

중, 고등학생이 타는 차는? 중고차

왕이 뒤로 넘어지면? 킹콩

초등학생이 제일 좋아하는 동네는? 방학동

겨울철에 많이 쓰는 끈은? 따끈따끈

진짜 문제투성이인 것은? 시험지

세 사람이 탈 수 있는 차는? 인삼차

White Humor

최대불황

최대불황기를 맞은 남대문시장상인 몇 명이 포장마차에 앉아 소주잔을 기울이고 있었다.

이들은 요즘의 경기상황이 외환위기 때보다 더 어렵다면서, 누구의 장사가 더 불경기인가를 놓고 서로 다투고 있었다.

맨 먼저 스포츠용품점 주인이

"난 88올림픽 이후 최대불황이야."라고 했다.

그러자 주유소주인은

"아휴, 말도 말게. 난 70년대 석유파동 이후 최대 불황인걸."라고 되받아쳤다.

이때 전자대리점사장이

"그 정도 가지고 그러나? 난 일제 강점기 이후 최대 불경기야."라고 했다.

그러자 서점 주인이 마지막으로

"우리가게는 한글창제 이래 최대불황이라고…."

그…그게 뭐…뭐예요?

옛날, 아주 무더운 여름 신부님과 수녀님이 산길을 걸어 가고 있는데 그들은 오랫동안 걸은 나머지 너무나 지쳐 있었대요.

얼마나 걸었을까, 저기 샘물이 눈에 띄었다나요

그들은 '아무도 보지 않겠지.' 하는 생각으로 같이 목욕을 하기 시작했대요.

신부님이 수녀님의 등을 밀던 중 수녀님의 거기를 보고는,

"저, 그…그게 뭐…뭐예요? 오오~."

수녀님 왈,

"여기는 지옥이에요."

앗! 그런데 이게 웬일!!!!

신부님의 그것이 기상하기 시작했대요.

수녀님이 그걸 보더니,

"이게 뭐…뭐예요??"

신부님 왈,

"이건…. 마귀요."

그러자 일제히 합창했다나요!!

"마귀는 지옥으로!"

전문가와 비전문가

정신과 의사를 찾은 한 남자가,

"침대에 들어가기만 하면 누군가가 침대 밑에 있다는 생각이듭니다. 침대 밑으로 들어가면 누군가가 침대 위에 있다는 생각이 들고요. 이것 참, 미칠 지경입니다!"

라고 하소연했다.

그러자 의사는 "2년 동안 나한테 치료를 받아야겠군요. 매주 세 번씩 오세요."라고 말하는 것이었다.

"의사 선생님, 치료비가 얼마인데요?"

"한번 올 때마다 200달러요."

"생각해보겠습니다."

라며 돌아간 후 병원엔 가지 않았다. 그러다가 6개월 후 우연하게 거리에서 의사와 마주쳤다.

"선생님, 왜 다시 오지를 않았지요?"

"한번에 200달러씩 내면서요? 그래서 바텐더가 단돈 10달러에 고쳐줬답니다."

"어떻게, 고쳤습니까?"

"침대 다리를 없애버리라더군요."

Black Humor

오래된 참새 시리즈

참새 한 마리가 달려오던 오토바이와 부딪히면서 그만 기절을 하고 말았다.

마침 우연히 길을 지나가다 그 모습을 본 행인이 새를 집으로 데려와서 치료를 하고 모이를 준 뒤 새장 안에 넣어 두었다.

한참 뒤에 정신이 든 참새는 이렇게 생각했다.

'아, 이런 젠장! 내가 오토바이 운전사를 치어서 죽인 모양이군. 그러니까 이렇게 철창 안에 갇힌 거지!'

White Humor

뛰는 자 위에 나는 자

시골에서 서울로 유학 온 어느 대학생이 씀씀이가 커 용돈이 금방 바닥났다. 그는 하는 수 없이 시골집에 편지를 띄웠는데, 내용은 이랬다.

'아버님 죄송합니다. 집안사정이 어려운 줄 알지만 염치없이 다시 글을 올립니다. 돈을 아무리 아껴 쓰고 있지만 물가가 많이 올라 생활비가 턱없이 모자랍니다. 죄송한 마음으로 글을 올리니 돈을 조금만 더 부쳐주십시오. 정말 몇 번이나 망설이다 글을 띄웁니다.

PS.
아버님! 돈을 부쳐달라는 게 정말 염치없는 짓인 것 같아서 편지를 회수하기 위해 우체통으로 달려갔습니다. 하지만 제가 달려갔을 때는 이미 우체부가 편지를 걷어간 후였습니다. 아버님 정말 죄송합니다. 편지 띄운 걸 정말 후회합니다.'

며칠 후 그 학생의 아버지에게서 답장이 왔다.

'걱정하지 마라. 네 편지 못 받았다.'

상상하기

옛날에 백설 공주와 일곱 난쟁이가 살았대.

어느 날 백설 공주가 목욕을 하려고 일곱 난쟁이에게 물을 받아 놓으라고 시켰어. 백설 공주가 목욕하는 것을 보려고 일곱 난쟁이들은 목마를 타고 창문 사이로 훔쳐보기로 했다., 맨 윗사람이 목욕하는 장면을 보고 밑으로 전달하기로 하고는 말이야.

드디어 떨리는 순간…. 백설 공주가 옷을 벗기 시작했다.

그러자 맨 위에 있던 난쟁이가 외쳤어.

"벗었다."

그래서 '벗었다.' '벗었다.' 하고 여섯 명에게 차례로 전달됐다.

이번에는 탕 속으로 들어가는 모습을 보고 외쳤다.

"들어갔다."

그리고는 백설 공주가 탕 속에서 나오려고 일어서는 모습에

"섰다!"

하고 외쳤어. 그러자 밑의 여섯 명 모두

"나두, 나두…."

고물차에 어울리는 전단지

어떤 남자가 출고된 지 20년이 넘은 차를 몰고 다닌다. 어느 날, 주차장에 차를 주차시켜놓았다. 얼마 후 돌아왔는데 주위의 다른 차 와이퍼에는 전단지가 가득 꽂혀 있었지만, 유독 자기 차에는 하나도 꽂혀 있지 않았다. 은근히 기분 나쁜 그는 이렇게 투덜거렸다.

'차가 고물이라고 사람까지 무시하는 거야, 뭐야?'

얼마의 시간이 흐른 어느 날 그는 다른 차와는 달리 자기 차에만 전단지가 꽂혀 있는 것을 발견하고는 크게 기뻐했다. 그래서 잔뜩 기대하고 전단지를 펼쳤는데 이런 글이 눈에 띄었다.

'폐차, 말소, 견인 전문'

세계 경찰 콘테스트

세계 각국 경찰의 수사력을 겨루는 콘테스트가 한국에서 열렸다. 테스트방식은 야산에 쥐를 풀어놓은 후 다시 잡아들이는데 걸리는 시간을 측정하는 것이었다.

먼저 중국 경찰이 이틀만에 쥐를 잡아들였다. 수천 명의 경찰을 동원한 인해전술이 그 비결이었다.

다음은 러시아경찰이 하루만에 쥐를 생포했다. 다른 이웃 쥐에게 추적 장치와 도청장치를 달아 쥐의 행적을 추적했다.

이윽고 미국 FBI가 출동해 두 시간 만에 쥐를 잡았다. 방법은 인공위성과 열 추적장치 등의 첨단기기를 사용한 것이었다.

마지막으로 주최국인 한국경찰은 반시간만에 쥐 대신 곰 한 마리 데리고 돌아왔다. 곰은 쌍코피를 흘리고, 눈탱이가 밤탱이가 되어 엉망진창이었다. 심사위원이 한국경찰에게 쥐는 어디 있느냐고 물었다. 그랬더니 한국경찰이 곰 옆구리를 팔꿈치로 쿡 찔렀다. 그러자 곰은 깜짝 놀라며 말했다.

"내가 쥡니다. 꼴은 이래도 내가 쥐라고요…. 하늘에 맹세코 나는 쥐예요…. 곰 쥐."

생일 축하

우리의 김 과장은 너무나 예쁘고 섹시한 신입 여사원을
꾀려고 날마다 기회(?)를 노리고 있었다.

그러던 어느 날 그 신입사원이 김 과장에게 다가와 말을
건네는 거야.

"저기요…. 과장님, 오늘 저녁에 시간 있으세요?"

김 과장은 '웬 떡이냐?' 하는 생각에 음흉하게 웃으며 말
했다.

"물… 물론이지!"

그러자 신입 여사원이 살짝 수줍게 웃으며 김 과장의 귀
에다 속삭였어.

"그럼, 오늘 밤 9시에 X호텔 507호실로 오세요!"

김 과장은 재빨리 나가서 사우나를 하고, 머리까지 다시
다듬고서 약속 시간에 맞춰 호텔로 갔다.

방으로 들어가니 불이 꺼져 있어 온통 컴컴했는데, 반대
쪽에서 여사원의 애교 있는 목소리가 들렸다.

"과장님~ 준비되셨어요?"

김 과장은 이 말을 듣자마자 허겁지겁 옷을 벗으며 말했
다.

"어….어! 준비 완료!"
그러자 갑자기 방안의 불이 커지면서, 회사의 모든 직원
들이 일제히 외치는 거야.

"생일 축하합니다! 과장님…"

전화할 때 애정 테스트

초반기

내가 지금 막 걸려던 참이었는데.

진행기

지금 어디야? 우리 만나자.

과도기

내가 나중에 다시 걸면 안될까.

권태기

넌 꼭 바쁠 때 전화질이냐?

말년기

전화기가 꺼져 있어 소리샘으로 연결되었습니다.

White Humor

약속장소에 30분 늦게 나왔을 때

초반기

미안하긴 나 하나도 안 지루했어.

진행기

늦은 벌로 여기다 뽀뽀해 줘.

과도기

너 지금 웃음이 나오니?

권태기

누구는 시간이 썩어 남는 줄 아니?

말년기

가버리고 없다.

여자가 감기 걸려 콜록거릴 때

초반기

여기 약 지어왔어.

진행기

차라리 내가 아팠으면 좋겠다.

과도기

그러게 왜 그렇게 싸돌아다녀.

권태기

야! 음식에 콧물 떨어지잖아.

말년기

아까 니가 입댄 컵이 어떤 거냐?

White Humor

남자가 자기 친구에게 여자를 소개할 때

초반기

내 애인이야.

진행기

우리 곧 결혼할지도 몰라.

과도기

그냥 만나는 애야.

권태기

애한테 직접 물어봐라.

말년기

어? 너 아직도 안 갔냐?

White Humor

1분이면 **스트레스**가 풀리는 **유머**

데이트 끝나고 집에 보내줄 때

초반기

아저씨! 얘네 집까지 잘 부탁해요.

진행기

이제 들어가. 대문 아까 열렸잖아.

과도기

너 집에까지 혼자 갈 수 있지?

권태기

가라! 난 건너서 탄다.

말년기

택시! 돈암동. 남자 한 명!

White Humor

흡혈기의 보리차

흡혈귀와 흡혈귀 형제가 있었다.

흡혈귀는 놀부처럼 욕심이 무지 많았고요, 흡혈귀는 흥부처럼 부지런했으나 딸린 식구가 많아 늘 찢어지게 가난했다.

바야흐로 노출이 심해지는 여름철!

욕심 많은 흡혈귀는 이때를 틈타 많은 피를 비축해 놓았다.

반면 흡혈귀는 딸린 식구 먹여 살리는 것만으로도 힘에 겨웠다.

그러던 중 계절은 덧없이 지나 가을, 그리고 겨울이 되었다.

겨울이 되자 사람들은 언제 그랬냐는 듯 폴라 티에 목도리로 중무장을 하고 다녔지요. 흡혈귀는 아이들이 배고프다고 칭얼대자 염치없는 줄 알면서도 욕심 많은 흡혈귀네 집에 찾아갔다.

그리고는 너무나도 불쌍한 표정을 지으며 말했다.

"형 미안해…. 배가 너무 고파서…. 조금만 나눠 줄 수 없겠어?"

흡혈귀는 해마다 찾아오는 흡혈기가 너무나 얄미웠다.

그렇지만 가엾다는 생각에 냉장고 문을 열고 위스퍼를
꺼내 던져 주며….

"엣다…. 보리차나 끓어 먹어라."

여기가 어디죠?

어떤 청년이 지하철을 타고 가다가 좌석에서 꾸벅꾸벅 졸았다.

갑자기 지하철이 급정거하는 바람에 승객들이 졸고 있던 청년의 옆으로 쏠려 그 청년은 달콤한 잠에서 깨어나야만 했다.

한참을 자고 난 뒤라 청년은 어리둥절하기만 했다.

그래서 옆에 앉은 승객을 찌르며 물었다.

"아저씨, 여기가 어디죠?"

아저씨는 어이없다는 듯 청년을 쳐다보더니 말했다.

"옆구리 아이가?"

White Humor

무슨 은행을 털었을까요?

살 길이 막막해진 우리의 황당맨!

급기야 은행을 털기로 결심하고야 마는데….

용감한 황당맨!

금고 여는 방법을 간신히 익혀, 은행으로 향하는데….

끼리릭, 끼리리-익!

덜컹!

드디어 금고는 열리고, 황당맨은 떨리는 손을 진정시키며 금고 문을 열었다.

엥? 그런데 이게 뭐야?

돈이 아니라 순 요플레만 가득 채워져 있는 거야.

"에이! 할 수 없지 뭐. 이거라도 먹자!!"

해서…. 우리의 황당맨은 금고 안에 있던 요플레를 모두 먹어치웠는데….

그…런…데….

다음 날 일간 신문의 1면 기사!

'정자 은행, 괴한에게 털리다!'

전화

어떤 남자가 양쪽 귀에 심한 화상을 입고 응급실로 달려
왔다. 이 끔찍한 광경을 본 의사가 의아해하며 물었다.

"아니, 어떻게 했기에 귀에 이런 심한 화상이 생겼습니
까?"

"으~, 제가 다림질을 하고 있었는데 갑자기 전화가 오잖
아요. 그래서 무의식적으로 전화를 받는다는 게, 그만
다리미를…."

"그래요, 그럼 다른 쪽 귀는 어떻게 된 건가요?"
환자가 무덤덤하게 대답했다.

"그 녀석이 또 전화를 걸잖아요!"

White Humor

경상도 신혼 부부

1. 비행기 안에서

서울 신부: 자기! 나 자기 팔베개하구 자도 돼?

서울 신랑: 응? 응, 그래.

이를 본 경상도 신부 : (샘 나서) 보이소! 저 팔베개해도 됩니꺼?

경상도 신랑 : 와, 니 춘리나? 마 더비자믄 뉜끼 아이가?!

2. 해변에서

서울 신부: (신랑을 툭 치고는 애교 있는 몸짓으로 뛰어 가며) 자기야! 나 잡아봐라~.

서울 신랑: (뒤따라가며) 자기~ 사랑해!

이걸 보고 샘이 난 경상도 신부, 신랑을 툭 친다는게 너무 세게 치고 말았다.

경상도 신부: (아차 하며 뛰어간다.) 보이소~ 나 잡아보이소~

경상도 신랑: (잔뜩 화가 나 씩씩대며) 니, 내 손에 잡히면 쥐어 삔다!

White Humor

3. 별을 세며

서울 신부: 자기야! 벼 별이 더 예뻐, 내 눈이 더 예뻐?

서울 신랑: (살포시 포옹을 하며) 그야 자기 눈이 더 예쁘지,

샘이 날 만도 한 경상도 신부: 보이소! 저 별이 더 예쁩니꺼, 내 눈이 더 예쁩니꺼?

경상도 신랑: 별이 니한테 머라 카드나?

4. 둥근 달을 보며

서울 신부: 자기! 저 달이 더 예뻐, 내가 더 예뻐?

서울 신랑: (볼에 살며시 입맞추며) 그야 자기가 훨씬 더 예쁘지.

있는 대로 열을 받은 경상도 신부, 씩씩거리며 신랑 앞에 탁 버티고 섰다.

경상도 신부: 보이소!! 내가 이쁜교, 저 달이 이쁜교?

경상도 신랑: 야!! 대가리 치워라 마! 달 안 보인다 아이가!

동문서답

선생님이 수업시간에 한눈을 잘 파는 건망증이 심한 여
학생 어머니를 모셔놓고 상담했다.

"딸을 대하면서 그런 문제가 있는 것을 눈치 채지 못하
셨나요?"

그러자 어머니는 벽 쪽을 가리키며 이렇게 물었다.

"선생님, 그런데 저기 있는 창틀이 알루미늄 창틀인가
요?"

White Humor

너 모야?

여자 사냥꾼이 하루는 곰을 잡으러 갔다.

그러나 이 여자 사냥꾼은 말만 사냥꾼이지, 실상 사냥을 할 줄 몰랐다.

이리저리 둘러보고 있는데….

이런, 곰이 눈에 띄는 것이 아니겠어?

여자 사냥꾼은 조준을 하고 과감하게 방아쇠를 당겼다.

물론 맞지는 않았고, 오히려 곰이 달려와 그녀 위에 올라 타며 하는 말….

" 너 죽을래, 아니면 한 번 줄래."

여자 사냥꾼은 죽고 싶지 않았다.

그래서….

집으로 돌아온 여자 사냥꾼은 너무너무 속이 상했다.

창피하기도 하고, 어디 할 데가 없어서 곰하고….

다음 날 여자 사냥꾼은 다시 곰을 잡으러 나갔다.

그러나 역시 곰을 잡기엔 역부족이지라 다시 곰 밑에 깔리고 말았지 뭐야.

"너 죽을래, 한 번 줄래."

여자 사냥꾼은 다시 살려달라고 사정하고,

또다시 곰하고….

집으로 돌아온 여자 사냥꾼은 거의 돌아버릴 지경이었다.

생각해 봐. 너라면 안 그러겠니?

누구한테 얘기도 못 하고….

사냥꾼은 어금니를 깨물고 밤을 새워 사격 연습을 했다.

그리고 다음 날 눈이 퉁퉁 부은 채로 다시 곰을 잡으러 갔다.

곰을 발견했다. 만 총알은 빗나가고, 다시 곰에게 깔린 상태가 되었다.

근데….

곰이 입맛을 쩝쩝 다시며 그녀의 귓가에 하는 말,

"너, 모야? 사냥하러 오는 거 아니지…."

개쉑이! 두번째

한 처녀가 성당에 가서 고해성사를 하기 시작했다.

"전 어제 남자 친구에게 '개새끼' 라는 욕을 했습니다."

"왜 그랬지요?"

"제 손을 만졌어요."

"이렇게요?"

라고 말하며 신부는 처녀의 손을 만졌다.

"예."

"그렇다고 해서 욕을 하는 건 잘못입니다."

"하지만 제 가슴도 만졌어요."

"이렇게요?"

라고 말하며 신부가 소녀의 가슴을 만졌다.

"예."

"그렇다고 해도 욕을 할 이유는 되지 않습니다."

"하지만 그 친구가 제 옷을 벗겼어요."

"이렇게요?"

라고 말하며 신부가 소녀의 옷을 벗겼다.

"예."

"그래도 욕을 하면 안 됩니다."

"하지만 자기 물건을 제 그곳에 넣었어요."

"이렇게요?"

라고 말하며 신부가 소녀의 몸에 올라탔다.

"예."

"그래도 욕을 하는 것은 잘못입니다."

"하지만 그 친구는 AIDS에 걸렸는데?"

그러자 신부가 황급히 몸을 빼며 소리쳤다.

"개쒜이-!"

대한민국 남편들에게

1.

전구를 가는 일이나 못 박는 일은 반드시 그대가 해라. 그렇지 않으면 남자구실 못한다는 욕을 잠자리에서도 듣게 될 것이다.

2.

아내가 TV를 보고 있을 때는 절대로 다른 프로그램을 보겠다고 설치지 마라.

TV시청의 채널선택권에 대해서는 아내의 독점권을 인정해 주고, 오히려 입이 궁금할 아내를 위하여 말없이 오징어나 과일을 준비해라. 그날 밤 바로 보상을 받을 것이다.

3.

두어 시간 정도 전화로 수다를 떤다고 해서 아내를 결코 나무라지 마라.

수다는 아내의 오랜 취미이자 일종의 사회활동이다. 만일 아내가 취미와 사회활동을 제대로 못한다면 그 스트레스는 전부 잔소리로 그대에게 돌아갈 것이다.

4.

아내가 부를 때에는 스포츠중계가 재미있고 신문기사가 흥미롭더라도 한 번에 바로 대답하고 아내 쪽을 바라보아라.

사근사근한 아내를 만드는 것도 사나운 아내를 만드는 것도 다 그대에게 달려있다.

5.

아내가 슬픈 드라마를 보면서 울더라도 결코 한심한 눈으로 쳐다보거나혀를 차지 마라.

조용히 곁에 앉아 티슈나 손수건을 건네주어라. 아내는 드라마의 여주인공처럼 그대에게 안길 것이다. 설령 그대가 산대 배우가 아니더라도 말이다.

6.

냉장고 속의 일에 대해서는 결코 간섭하지 않는 것이 좋다.

냉장고는 아내의 일기장과 같다. 그 속에서 무언가가 변해가고 있다는 등의 말은 아내에게 참을 수 없는 모욕을

주는 행위이다. 부부싸움은 물론이고 그 나이에 이혼까지
감수해야 할지도 모른다.

7.
어떠한 경우에도 첫사랑이나, 룸살롱 여자 이야기를 입
밖에 내지 마라.
잃을 것은 신뢰, 존경, 사랑이고 얻을 것이라곤 싸늘한
아내의 눈빛뿐이다.

8.
아내가 식사를 준비할 때 식탁을 닦고 수저를 놓고 밥 푸
는 일을 해라.
가만히 앉아서 밥을 받아먹는 파렴치한 행동을 하다가는
그릇 깨지는 일이 잦을 것이다.

아빠도 오줌 쌌지?

한 부부가 관계를 마치고 속옷을 미처 걸치지 못한 채 잠이 들었다. 그런데 한밤중에 유치원에 다니는 아들 녀석이 불쑥 이불속으로 파고들어 오는 게 아니겠어.

아들은 곧 아빠의 상태를 알아채고는 아주 음흉한 목소리로 말했다.

"아빠…. 팬티 안 입었다.? 난 다 알아. 그거 엄마가 벗긴 거지?"

아들의 말에 아버지는 속으로 '어허! 녀석이!' 하면서 쳐다봤어.

그러자 아들이 모든 것을 이해한다는 표정을 지으며 말하는 거야.

"아빠, 당황할 필요 없어, 나도 다 알고 있거든…."

더욱 난처해 말을 잇지 못하고 있는 아빠에게 조심스레 아들이 속삭였어.

"아빠도 오줌 쌌지? 그래서 엄마가 벗긴 거지?"

White Humor

배려

만년과장 김과장이 부하직원들과 3차를 갔다.

"야! 너희~ 오늘 나를 위해 확실하게 책임질 수 있지?"

그러자 직원들이 외쳤다.

"그럼요 과장님. 걱정 마세요. 저희만 믿으세요."

결국 김과장은 3차에서 술을 마시다 잠이 들었다.

다음날 아침 김과장은 너무 추워 눈을 떴다. 그런데 길 한가운데에 자신이 누워있는 게 아닌가.

그리고 그의 배 위에는 이런 메모가 놓여 있었다.

'밟지 마시오!'

White Humor

무엇이 어려운 문제?

시험을 치는 도중에 교수가
"문제가 어려운가?"
라고 물었다.
그러자 학생들은
"전혀 그렇지 않습니다, 교수님! 정작 어려운 것은 문제
가 아니라 정답이에요."
라고 했다.

첫날밤에 혹시 이런 일 있었나요?

1. 기운의 비애(?)

신부를 안고서 뒤뚱뒤뚱, 자기 힘없는 건 생각 않고 신부 몸무게 탓하며 비실거리는 비실이.

2. 무드의 비애(?)

아! 음악 깔고 분위기 잡는데 난데없이 불협화음의 음악 소리, 뿌~웅~!!

3. 충격의 비애(?)

정말 쌍코피 터져가며 열과 성의를 다하는데 불감증인가? 천장의 샹들리에 전구 알이나 세고 있는 신부.

4. 순결의 비애(?)

매직데이와 그날 밤을 맞춘 것도 모르고, 그 흔적(?)만을 보며 기뻐하는 신랑.

5. 바보의 비애(?)

캄캄한 이불 속으로 신부를 부르더니 기껏 '야광 팬티'나 자랑하는 얼간이. 정말 바보 아니야!!

6. 사기의 비애(?)

'처음이야~!' 해놓고서 앞으로, 뒤로, 옆으로, 수십 가지 테크닉을 발휘하는 신부. 이거 전과가 있는 것 아니야!!

7. 금전의 비애(?)

첫날밤을 날아다니는 바퀴벌레 나오는 여관방에서 보내는 자린고비, 그래 아껴서 잘 먹고 잘 살아!!

8. 조루의 비애(?)

이거 관계를 가진 거야, 아니야!! 단 10초 만에 하산하여 구석에서 이상한 약 뿌리고 있는 토끼 신랑.

9. 지루의 비애(?)

이것 언제 끝나! 길어도 탈. 장시간 힘자랑으로 다음 날 신부의 걸음걸이를 변하게 하는 변강쇠.

10. 습관의 비애(?)

아이고, 그래 너 잘났다!! 침대는 적응을 못해 바닥에서 일(?)을 치르다가 무릎이 까지는 신토불이.

놀라운 비아그라의 효능

1. 비아그라를 복용할 때 되도록 빠르게 삼켜야 하는 이유?

– 허허!! 그렇지 않으면 목이 뻣뻣해지니까.

2. 컴퓨터가 새로 개발된 비아그라 바이러스에 감염되면?

– 으악!! 플로피 디스크가 하드 디스크(?)로 변했네!!

3. 비아그라를 가득 실은 트럭이 한강에 빠졌다.
   무슨 일이 일어났을까?

– 어머나!! 한강 다리들이 모두 일어섰다.

4. 바지 호주머니에 비아그라를 넣은 채 세탁했다.
   무슨 일이 일어났을까?

– 끄악!! 바지가 딱딱해져서 못 입게 되었다.

5. 비아그라 복용 후 얼굴에 핏기가 마르고 점점
   창백해져 가는 것을 느끼는 이유?

– 오호!! 피가 다른 곳으로 다 모이기 때문.

6. 비아그라 복용 후 동화를 믿게 되는 이유는?

– 이젠 피노키오가 그렇게 큰 거짓말쟁이로 보이지 않는다.

Black Humor

7. 비아그라 복용 후 절대로 넘어지지 않는 이유?

– 그래 그래!! 무게 중심이 아래에 있다.

8. 비아그라 복용 후 식사 중 가끔 사고를 치는 이유?

– 가끔 밥 잘 먹다가 본인도 모르게 밥상을
  엎어 버리곤 한다.

친절한 의사

아주 젊은 여자와 결혼한 89세 노인이 의사를 찾아와서 자기부부에게 아기가 생긴 것은 놀라운 일이라고 했다. 그러면서 은근히 자신의 정력을 자랑하는 것이었다. 그러자 의사가 말했다.

"제가 얘기를 하나 해 드리죠."라며 말을 이었다.

"건망증이 심한 친구가 사냥을 갔대요. 그 친구는 총 대신 우산을 가지고 갔답니다. 그런데 갑자기 사자가 나타나서 그에게 달려오자 그는 우산으로 사자를 겨누고 쏘았답니다. 그러자 사자가 그 자리에 쓰러져 죽었답니다."

이 얘기를 들은 노인이 소리쳤다.

"말도 안 되는 소리! 누군가가 옆에서 대신 총을 쏘았겠지."

"네, 정답을 바로 맞히셨군요."

어느 축구 해설자의 화려한 언변

1. 약자가 드리블하면 "볼을 저렇게 길게 갖고 있으면 안되죠."

2. 강자가 드리블하면 "굉장한 개인기군요."

3. 약자가 중거리 슛을 하면 "무모한 짓이에요."

4. 강자가 중거리 슛을 하면 "대포알 같습니다."

5. 약자가 미드필더를 조여들면 "축구를 답답하게 하는군요."

6. 강자가 미드필더를 조여들면 "축구는 저렇게 중앙부터 조여 줘야.."

White Humor

담보

어떤 노인이 은행에 돈을 빌리러오자 은행원이 물었다.

"어디에 쓰실 건가요?"

"경운기를 사려고."

"담보는 있으신가요?"

"담보가 뭐여?"

"네, 저희가 돈을 빌려드리려면 그 정도 값이 나가는 물건이 있어야 되거든요. 혹시 자동차 있으세요?"

"1980년산 포니가 있수다."

은행원은 하는 수 없이 노인의 집을 담보로 돈을 대출해주었다. 추수가 끝나자 노인이 다시 은행을 찾았다.

"어르신, 무슨 일로 오셨습니까?"

"돈 갚으러 왔수다."

"아 그래요. 추수가 끝났으면 많이 벌었겠네요? 남은 돈은 어떻게 하실 거예요?"

"땅에다 묻어 놔야지."

"그러지 마시고, 은행에 예금하세요."

"예금이 뭐여?"

"네, 은행에 맡겨두는 겁니다. 다시 찾으실 때까지 안전하게 보관해드리죠."

그러자 노인이 은행원에게 말했다.

"담보 있수?"

초보 의사

병원수술실에서 맹장수술을 받기 직전 뛰쳐나가다 잡힌 환자가 있었다. 그러자 의사가 말했다.

"아니, 수술 받기 전에 도망치시면 어떻게 해요?"

"당신도 그런 말을 들어봐요. 도망을 안 갈 수가 있는지?"

"무슨 말을 들었는데 그러세요?"

"글쎄 간호사가 '맹장수술은 간단한 것이니까, 너무 염려하지 말아요' 라고 하잖아요."

"그런 말이야 당연하지 않아요?"

"그런데 그 말을 나에게 한 게 아니라 의사에게 했단 말이에요!"

으아! 난 아직도 하수?

1. 격투 오락

1)하수- 기술 익히는 데 온 힘을 기울인다.

2)중수- 상대방이기는 데 온 힘을 기울인다.

3)고수- 실제 싸움에 응용해 본다.

2. 상대방이 욕을 하면

1)하수- 같이 욕을 한다.

2)중수- 조용히 끌고 나간다.

3)고수- 웃는다. 이제는 귀엽게까지 느껴진다. 가볍게 퍼펙트로 이겨 준 뒤에 '요새는 쓰레기도 오락을 하는 군….'이라고 말해 준다.

3. 두더지 잡기

1)하수- 열심히 맞추는 데 신경을 쓴다.

2)중수- 순서를 기억할 정도다.

3)고수- 옆에 지나다니는 사람이 때리고 싶어진다.

4.축구 오락

1)하수- 이기는 데 목숨을 건다.

2)중수- 화려한 플레이에 온 힘을 기울인다.

White Humor

3)고수- 자살골이 넣고 싶어진다.

5. 레이스 게임

1)하수- 정석대로 열심히 한다.

2)중수- 테크닉을 개발하기 시작한다.

3)고수- 뜬금없이 운전면허 시험을 본다고 지랄을 떤다.

6. 펀칭머신

1)하수- 손이 얼얼하다.

2)중수- 꽤 높은 점수가 나오기 시작한다.

3)고수- 기계를 때려부순다.

7. 기계가 돈을 먹으면

1)하수- 귀찮으니 그냥 백 원 더 넣는다.

2)중수- "아줌마~ 여기 돈 먹었어요!" 당당히 말한다.

3)고수- 안 먹었다 해도 먹었다고 말한다.

달력

연사가 두 시간이 넘도록 강연을 하고서는 인사를 했다.

"말이 너무 길어 죄송합니다. 보시다시피 시계가 없어서
요."

그러자 청중 가운데 한사람이 소리쳤다.

"뒤쪽에 달력이라도 있어서 얼마나 다행인지 모르겠네
요."

동화를 어른들이 읽으면?

1. 해님달님: 폭력을 동반한 무리한 요구.

2. 홍길동전: 청소년의 잦은 가출 유발.

3. 백설광주와 일곱 난쟁이:
   과다한 보디가드 채용으로 사행심 조장.

4. 흥부전: 가족세회에 대한 반항.

5. 혹부리 영감: 예뻐지기 위한 과도한 성형수술 유도.

6. 인어공주: 공주병의 원인.

7. 금도끼 은도끼: 지나친 선물의 오고감.

8. 재크와 콩나무: 농약의 과다 사용 유도.

9. 선녀와 나무꾼:
   이성 목욕탕에 대한 흥미 유발과 성적 자극 유발.

아들자랑

요즘 세상에, 아들자랑 한다는 것은 3류 코미디라네.

아들이 고등학생이 되면 4촌이 되고,
아들이 대학생이 되면 8촌이 되며,
아들이 장가가면 사돈이 된다.
아들이 공부를 잘하고 일을 잘하면 나라의 아들이 되고,
아들이 돈을 잘 벌면 장모의 아들이 되며,
아들이 백수가 되면 평생 끼고 살아야 한다.

White Humor

화장실 체험기

한 학생이 길을 가다 대변이 너무 급했다. 그때 눈에 띈 화장실이 있어 급히 뛰어 들어가 볼일을 다 보고 닦으려는데 휴지가 없는 것이다.

그 학생은 매우 난감해 하며 닦을 것을 찾아 주위를 둘러보았다.

눈에 띄는 것이 있었는데 그것은 한쪽 벽에 붙어 있는 작은 쪽지였다.

'만약 닦을 게 없으시면 손가락으로 닦으시고 이 쪽지 아래에 있는 구멍 속으로 손가락을 깊게 넣어 주세요.'

"이야~세상 참 편해졌구만, 손가락 세척기도 있고."

그래도 다행이라고 생각한 학생은 손가락으로 쓰윽~ 닦아 주고 그 구멍 안으로 손가락을 힘차게 넣었다.

하지만 구멍 끝에서 기다리는 건 바늘이었다.

학생은 아픔과 동시에,

"앗 따거!"

라고 외치며 손가락을 입으로 가져갔다.

20대 여자와 장가가는 비법

Black Humor

돈이 많은 한 70대 노인이 새장가를 들게 되었다.

그 노인을 너무나 부러워하는 친구가 물었다.

"여보게 친구~ 어떻게 20대 여자와 새장가를 들게 되었나?"

"그거야 간단하지."

"내 나이를 90세라고 속였지!"

96

파리가 대학교에 가면?

성찰학과:

파리 중 어수룩한 놈을 생포한 뒤 이근안의 고문 기술을
전수시켜 돌려보낸다.

정치학과:

파리 떼를 여당과 야당으로 편을 갈라 준다.

전자공학과:

파리에게 휴대폰을 공짜로 나눠 준 다음 휴대전화 과다
사용에 따른 전자파 과잉노출을 유도한다.

유전공학과:

유전자 변형 두부를 먹인다.

약학과:

치사량만큼의 수면제를 먹인다.

화학과:

속이 뒤집히는 화학조미료를 만들어 파리가 잘 다니는

골목에 대변 모양으로 쌓아둔다.

철학과:

'모든 파리는 결국 죽는다.'는 것을 계속 알린다.

수학과:

'뫼비우스의 띠' 위에 올려놓고 평생 걷도록 한다.

무역학과:

파리를 '정력제'라고 홍보한다.

미술학과:

양동이에 진흙을 담아 응가인 줄 알고 달려들면 뒤에서 밀어 빠뜨린다.

사진학과:

암파리를 꼬드긴 뒤 야한 사진을 찍어 주간지에 공개한다. 그 후 언론 플레이를 통해 암파리의 자살을 유도한다.

White Humor

정신병원 이야기

어느 날 대통령이 정신병원으로 환자위문을 위해 왔다.
병원장의 안내를 받은 대통령이 병실에 들어서는 순간,
환자들이 일제히 일어서서
"대통령 만세! 대통령 만세!"
를 외치면서 대통령을 대대적으로 환영했다.
그런데 서쪽구석에 환영도 하지 않고 딴 곳을 쳐다보는
환자가 있었다.
그래서 대통령이 병원장에게 물었다.
"저 환자는 왜 환영하지 않나요?"
병원장이 대답했다.

"저 환자는 오늘 아침에 제 정신으로 들어온 사람입니
다."

오랜만에 참새 시리즈

Black Humor

참새 두 마리가 전깃줄에 앉아 있었다.

둘은 뭐가 그리 좋은지 쉴 새 없이 짹짹거리고 있었다.

지나가던 포수가 이 광경을 목격했다.

두 마리가 하도 꼭 붙어 있어서 한꺼번에 잡으려 했지만 조준이 잘 안 됐다.

하는 수 없이 한 마리만 잡으려는데 자세히 보니 한 마리는 털이 하나도 없는 것이다.

"어차피 먹을 거니까 이왕이면 털 없는 참새를 잡아야겠다."

'타아앙!'

옆에 있던 참새가 놀라 달아나면서 하는 말,

"우쒸~! 겨우 벗겼는데…."

30분

어떤 아가씨가 여관 앞 정류장에서 버스를 타더니 노약자 석으로 다가갔다.

그런 후 노약자 석에 앉아 있는 아저씨에게 부탁했다.

"제가 홀몸이 아니라서 그러니 자리를 좀 양보해 주세요."

"아, 그러세요~."

아저씨는 얼른 자리를 양보했다. 그는 자리에 앉은 아가씨를 살펴보니, 아무래도 임신이 아닌 것 같았다.

아저씨는 아가씨에게 물었다.

"실례하지만 언제 임신하셨나요?"

그러자 아가씨는 아저씨를 째려보면서 말했다.

"방금 이관 앞에서 타는 것을 보셨잖아요. 한 30분쯤 됐어요!"

바람둥이의 고민

한 남자가 인상을 찡그리며 회사에 들어섰다.

그 모습을 본 동료가 그에게 물었다.

"자네 왜 그래? 무슨 일 있나?"

"편지가 왔는데, 자기 애인을 계속 만나면 죽일 거래."

"나 같으면 여자를 안 만나겠네."

"나도 그러고 싶어. 근데 누구 애인인지 알아야지?

이 편지는 보내는 사람 이름이 없잖아."

성숙한 아이

엄마가 외출을 하기 위해 화장한 후 옷을 이것저것 입어
보고 있었다.

곁에서 보고 있던 7살짜리 아들이 속옷 차림의 엄마를
보며 말했다.

"히야! 울 엄마 죽이는데, 음~"

그 말을 들은 엄마가 화를 내며 야단을 쳤다.

"이 녀석이! 쪼그마한 게 말투가 그게 뭐야?"

이 광경을 지켜보던 9살짜리 아들이 동생에게 넌지시 말
을 건넸다.

"거봐~ 임마! 임자 있는 여자는 건드리지 말랬잖아!"

거북이의 비밀

어느 날 토끼가 거북이에게 달리기 시합을 벌이자고 제안했다.

경기가 시작되었고, 토끼는 옛날의 실수를 범하지 않기 위해 쉬지 않고 정말 부지런히 달렸다. 그런데 이게 어떻게 된 일인가! 결승점에는 이미 거북이가 도착해 기다리고 있는 게 아닌가.

"아니, 대체 이게 어떻게 된 일인지?"

토끼가 도무지 못 믿겠다는 표정을 짓자 거북이는 이렇게 말해주었다.

"사실, 난 닌자 거북이야."

White Humor

104

훔쳐보기

어떤 할머니는 전기요금청구서를 보고 요금이 너무 많이 나왔다며 투덜거렸다.

"아니 이게 어찌 된 일 이여?"

그러자 옆에 있던 손녀가 말했다.

"할머니! 할머니는 TV나 전기히터를 비롯해 불을 항상 켜놓고 주무시잖아요."

그러자 할머니가 대답했다.

"이상혀~ 할미는 늘 커튼을 치는디. 전기회사 사람들이 그걸 워떻게 안겨??"

그때 옆에 있던 며느리가 한마디 거들었다.

"마죠~ 이건 누군가 틀림없이 고자질 헌겨."

미 말을 들은 할머니가,

"우~띠, 남의 사생활을 엿보는 그넘이 워떤 넘이여!"

군인정신

무지하게 졸리는 수학 시간이 시작되었다.

수학 선생님이 출석부를 뒤지더니 지난 시간에 결석했던 학생을 불렀다.

"너! 지난 시간에 왜 결석했나?"

"예, 제가…가…감기에 걸려서요."

"(발끈하시며) 뭐, 감기? 야! 이 녀석아, 감기가 병이야? 허참 어이가 없네. 요즘 애들은 키만 멀대같이 컸지 비실비실해 가지고…. 이래서 애들한테 군인정신을 심어 줘야 해. 너! 군인정신이 뭔지 알아?"

"모……모르겠는데요."

"알 리가 없지. 군인정신이 있는 녀석이 이러겠어? 너 똑똑히 들어. 내가 군인정신에 대해서 지금부터 말하겠다. 내가 군대에 있을 땐 말야! 아무리 아파도 단 하루도 출근을 거른 적이 없었다. 이것이 바로 군인정신이다!"

White Humor

고3의 기도

한 고3 학생이 수능 시험일을 얼마 남기지 않고 시간이 부족함을 느꼈다. 그래서 하늘에 대고 간절히 기도를 했다.

"하늘이시여! 제발 한 달, 아니 보름이라도 좋으니 시간을 조금만 더 주시옵소서."

그러자 학생의 간절한 기도에 감동했는지 하늘에서 음성이 들려왔다.

"너는 그동안 아주 착하게 살아 왔구나. 내 너를 불쌍히 여기고 또한 기도가 아주 간절하니 특별히 1년이란 시간을 더 주겠노라."

White Humor

대파 주이소

경상도 사투리를 심하게 쓰는 어떤 남자가 식당에서 국밥을 먹고 있었다. 이 남자는 국밥을 먹다가 말고 큰소리로 아줌마를 불렀다.

"아지메, 대파 좀 주이소."

식당아줌마는 약간 못마땅한 표정으로 대파를 한 움큼 썰어서 국밥그릇 위에 얹어주었다.

그런데도 이 남자는 또 아주머니를 불렀다.

"그기 아이고~ 대파 주라니까예."

그러자 식당아줌마는 짜증난 목소리로 말했다.

"대파 드렸잖아요."

순간 당황한 남자가 천천히 말했다.

"아지메! 그기 아니고예···. 데~워 달라는 말임더."

가슴이 찌그러진 이유

Black Humor

갑작스런 실직으로 인해 이일 저일 닥치는 대로 하던 M 양은 결국 누드모델까지 하게 되었다. 하루는 한 남자 화가 앞에서 누드모델을 하게 되었는데 초보자인 M양은 창피스럽기도 하고 음흉하게 생긴 화가의 눈빛이 신경 쓰이기도 해서 몸을 계속 움직였다.

그러나 화가는 제발 움직이지 말라는 주문을 하면서 계속 그림을 그려나갔다.

그림이 다 완성되자 M양은 옷을 다시 주워 입은 후 자신의 모습이 어떻게 그려졌나 슬그머니 쳐다보았다.

그런데 이게 웬일인가.

신나라 양의 젖꼭지는 사팔뜨기처럼 안쪽으로 쏠려져 있었다.

이상하게 생각한 M양이 화가에게 물었다.

"선생님, 어째서 그림이 이 모양이죠?"

그러자 화가가 신경질적으로 대답했다.

"그러 길래 내가 뭐라 했어요. 그림 그릴 때 움직이지 말라고 했었잖아요."

다섯 마디

나는 우동을 시키고 친구 두 명은 자장면을 시켰다. 그러자 웨이터는 주방을 향해 소리쳤다.

"우~ 짜짜~"

그러자 잠시 후 우동 하나에 자장면 두 그릇이 나왔다. 얼마 후 7명이 들어왔다.

그들은 우동 세 그릇과 자장면 네 그릇을 시켰다. 그러자 웨이터는 또 주방을 향해 소리쳤다.

"우~짜 우~짜 우~짜짜"

얼마 후 그들이 주문한 것이 정확하게 나왔다. 나는 속으로 '줄임말을 잘 알아듣는군' 이라고 생각했다.

시간이 흐른 뒤 20여명이 단체로 들어왔다. 그들은 짜장 3 우동2 짬뽕3 탕수육2 등등 주문도 가지각색이었다. 아무튼 무지 복잡하게 시켰다. 나는 저것을 어떻게 전달하나 생각하면서 유심히 쳐다봤다.

그것을 단 다섯 마디로 전달하는 것이었다.

"니도 들었제?"

초보 스키

T양은 휴가를 맞아 난생 처음으로 스키장이란 곳을 갔다. 초보인 T양은 제대로 연습도 해보지 않은 상태에서 겁도 없이 리프트를 타고 정상으로 올라갔다.

그러나 막상 위에 올라가 보니 이건 장난이 아니었다.

떨리고 무섭고 긴장된 상태에서 잠시 서 있다 보니 갑자기 오줌이 마려워졌다.

T양은 다급한 나머지 스키를 질질 끌고 나무 뒤쪽으로 갔다. 주위를 쓰윽 한 번 살핀 후 바지부터 내리고 팬티까지 무릎 밑으로 끌어내린 그 순간이었다.

소변 누는 자세를 취하려고 하는데 스키가 아래쪽으로 스르르 미끄러져 내려갔다.

잠시 후, '꽝' 하는 소리와 함께 T양은 그만 정신을 잃어버렸다.

눈을 다시 떴을 때는 병원이었다.

주위를 살펴보니 병실 안에는 T양말고도 팔과 다리에 온통 붕대를 감고 있는 남자 한 명이 더 있었다.

"스키 타다가 부상당하였나 봐요?"

T양이 조심스럽게 말을 건네자 남자환자는 고개를 옆으로 설레설레 저었다.

Black Humor

"그럼 어쩌다가 그렇게 심하게 다치신 거예요?"
그러자 남자 환자는 고통으로 일그러진 표정을 지으며 힘겹게 입을 열었다.
"글쎄, 리프트를 타고 올라가는데 어떤 미친년이 아랫도리를 홀라당 벗은 채 스키를 타고 있지 뭡니까? 그거 쳐다보며 한눈팔다가 그만 리프트에서 떨어져서…."

남자는 바보

명수의 훌륭한 연장과 기술에 미숙은 매우 만족스러웠
다.

"명수씨 , 당신이 최고에요. 당신보다 더 나은 남자는 아
직 없었어요."

명수는 기분이 좋아서 그것이 칭찬인 줄 알고는,

"아, 그래요. 난 당신 말을 믿어요."라고 말했다.

그러자 여자가

"그리고 당신은 내 말을 믿어주는 첫 번째 남자에요."
라는 것이었다.

셀프 서비스

A가 군대에서 제대하고 청량리역에서 내렸다.

여자 생각이 간절했던 A는 집으로 가는 대신 청량리 오팔팔로 먼저 향했다.

여기저기 돌아다니며 흥정을 해보았지만 호주머니에 있는 돈으로는 한 번 뛰는 것도 무리였다.

A는 크게 실망하여 돌아서려고 할 때였다.

군대 가기 전에는 없었던 이상한 건물 하나가 눈에 띄었는데, 마침 건물 안에서 30대 초반의 사내가 나오자 A군은 그의 곁으로 다가가 물었다.

"아무것도 써 있지 않은데 이 건물은 대체 무슨 건물입니까?"

"여기요? 일종의 밀레니엄 창녀촌인 셈이죠."

"그렇소, 저렴한 가격으로 자신의 구미에 맞는 여자를 직접 선택해 맘껏 재미를 볼 수 있는 곳이죠."

그러나 A가 가지고 있는 돈으로는 턱없이 모자라는 것이다.

A는 혹시나 하는 마음으로 2층으로 한번 올라가 보았다.

2층 유리관 안에 여자들이 즐비하게 서 있었다.

A는 3층, 4층, 5층으로 계속 올라가 보았다. 올라가면 올라갈수록 계속 화대가 점점 싸졌다.

"이거 내가 가지고 있는 돈이면 원 없이 실컷 하겠는데…."

A군은 입맛을 쩌억 다시며 화대가 1천원이라 쓰여 있는 방안으로 쓰윽 들어갔다.

그런데 이상하게 방 안에는 여자가 한 명도 없었다.

대신 유명 모델의 나체 사진 한 장만이 벽에 달랑 붙어 있었다.

그리고 모델의 나체 사진 밑에는 다음과 같은 다섯 글자가 쓰여 있었다.

"셀프서비스."

손가락 테크닉

어떤 젊은 아가씨가 돈 때문에 나이가 많은 노인에게 시집을 갔다.

첫날밤 신부가 옷을 벗고 침대에 올라갔는데, 늙은 신랑이 손가락 다섯 개를 펴는 게 아닌가?

너무 반가운 나머지 눈이 동그랗게 된 아가씨가 영감에게,

"오늘밤 다섯 번이나 즐기자구요?"

하고 물어봤다.

그랬더니 늙은 신랑은 다음과 같이 말했다.

"아니, 이 다섯 개 중에서 마음에 드는 것으로 고르라고…."

비 오는 날의 추억

소낙비가 갑자기 억수같이 쏟아지고 있었다.

우산을 미처 가지고 나오지 못한 B는 얼떨결에 쏟아지는 비를 고스란히 다 맞게 되었다.

그런데 이게 웬일인가! 비를 맞으며 걷고 있는데 누군가가 우산을 받쳐주는 것이 아닌가.

B는 고맙다고 말하며 우산 주인의 얼굴을 힐끔 쳐다보았다. 두 번 다시 보기 힘든 아름다운 미모의 여인이었다. B는 아가씨와 어떻게 한번 운명적인 인연을 만들어 보고 싶은 욕심이 들었다.

"우산을 씌워준 답례로 제가 근사하게 저녁을 사고 싶은데…."

B가 하는 말을 가만히 듣고 있던 미모의 아가씨는 빙그레 웃으면서 이렇게 말했다.

"얌마 우산도 못사는 주제에. 그 돈 있으면 우산이나 사서 써."

주정꾼

술에 취한 두 사람이 함께 걷고 있었다.

이때 한 주정꾼이 말하기를,

"멋진 밤이야, 저 달 좀 봐."

또 다른 주정꾼이 말했다.

"틀렸어. 달이 아냐, 그건 해야."

두 주정꾼의 말다툼은 셋째 주정꾼이 도착해서야 중단되었다.

"우리 둘 중 누가 맞는지 해결해줄 수 있으십니까? 저기 하늘에서 빛나고 있는 것이 달입니까? 해입니까?"

셋째 주정꾼이 하늘을 본 뒤 두 주정꾼을 쳐다보며 말했다.

"미안합니다. 제가 이 동네에 살고 있지 않아서…."

여자의 옷을 벗게 만드는 남자

"지금까지 저를 찾아온 여자 손님 치고 단 한 여자도 그냥 돌아가는 법이 없었습니다. 모두 제 앞에서 스스럼없이 팬티를 내렸죠."

"아니 정말요?"

"아아, 그런 눈으로 쳐다보지 마세요. 제가 그런 파렴치한 놈으로 보입니까? 전, 강제로 그렇게 하지 않았어요. 모두 여자들 스스로 그런 거지요."

"아니, 도대체 뭘 하는 분이신데요?"

"아! 예, 저는 산부인과 의사입니다."

White Humor

영계

친구가 어느새 스물 두 살이 되어 군대를 가게 되었다. 제일 친한 친구 두 명과 밤늦게까지 술을 마시던 그가 군대를 가기 전 마지막 부탁으로 여자와 하룻밤 자게 해달라는 것이었다.

친구들은 몇 년간 못 만나는 친구 소원을 들어주기 위해 역전 옆에 있는 여관으로 향했다.

그들 수중에는 거금 30만원이 있었다. 이윽고 여관에 들어간 세 친구는 여관주인에게 아주 음흉한 눈빛을 띠면서 말했다.

"아저씨 영계로 부탁해요."

그리고 얼마냐고 물었다. 주인은 웃으면서 1만원만 받는다고 했다.

싼값에 놀라 군대 가는 친구뿐만 아니라 세 명 모두 남자가 되기로 결정하고 각자 방으로 들어갔다. 얼마 후 문이 열리고 누군가가 들어왔다.

그리고 이렇게 말했다.

"치킨 시키셨죠?"

속옷 사이즈 재는 방법

Y군은 극적으로 장가를 가게 되었다.

그는 신혼 기분에 들떠서 하루는 아내의 속옷을 사러 백화점에 들렀다. 하지만 그는 여자의 팬티에도 다양한 사이즈가 있다는 것을 생각하지 못했다.

그래서 점원 아가씨가 당황해 하는 Y에게 자기가 골라 줄 요량으로 정중히 물었다.

"사모님의 히프 사이즈가 대충 어느 정도 되는지요."

Y가 대답했다.

"글쎄요? 34인치쯤 될 거예요. 정확하게는 재 본 적이 없으니까 모르지만, 아무튼 우리 집의 34인치 TV앞에 서면 화면이 전부 가려지니까."

싫어! 싫어! 싫다니까!

어떤 남자가 마녀를 찾아가서 말했다.

"저는 물건이 50센티인데 여자들이 너무 크다고 상대를 해주지 않아요. 그래서 의사한테 물어봤는데 작게 할 수가 없데요. 무슨 방법이 없을까요?"

그러자 마녀가 대답했다.

"뒤뜰에 가면 개구리가 있다. 그 개구리한테 결혼을 신청하라. 개구리가 싫다고 대답하면 물건이 10센티씩 줄어들 거야!"

남자는 마녀의 말대로 뒤뜰에 가서 개구리를 보고 말했다.

"나와 결혼할래?"

개구리가 대답했다.

"싫어!"

그러자 물건이 정말 10센티가 작아졌다.

다시 남자가 물었다.

"나와 결혼할래?"

개구리가 이번에도 싫다고 대답하자 또다시 10센티가 줄어들어 30센티가 되었다.

남자는 아직도 너무 크다고 생각하여 10센티만 더 줄일

Black Humor

생각으로 다시 물었다.

"야아, 나랑 결혼할래?"

개구리가 짜증 섞인 소리로 외쳤다.

"싫어, 싫어, 싫다니까!"

잠꼬대

남편 K과 부인 W양이 깊이 잠들어 있었다.

새벽 3시경 아내는 다른 남자를 몰래 집으로 끌어들이는 꿈을 꾸고 있었다.

이윽고 꿈속에서 남편이 돌아왔다.

그녀는 잠이 든 채 큰소리로 잠꼬대를 했다.

"어머나, 큰일났어요! 남편이 돌아왔어요!"

W의 남편 K군은 벌떡 눈을 뜨고 침대에서 일어나더니 창문으로 도망치고 말았다.

절대안정이 필요

12시간 동안 몹시 까다로운 수술을 끝낸 의사가 마취에서 깨어난 환자에게 주의사항을 일러주고 있었다.

"3개월 간 금주, 금연은 물론이고 규칙적인 수면을 반드시 취해야 합니다."

그러자 약간 불만스러운 듯이 환자가 물었다.

"섹스는요?"

그러자 잠시 뜸을 들인 의사가 말했다.

"네, 그것도 물론 주의를 요해야 합니다. 절대 흥분하시면 안 됩니다. 특히 마누라 외에 다른 상대와 하는 건 절대금물입니다. 알겠죠?"

직업으로 돌리기

L군이 영화감독이 되어 여자 탤런트와 사랑에 빠졌다.

어느 날 밤 그의 아내 B양은 그가 잠꼬대하는 소리를 듣게 되었다.

"혜미씨! 당신을 사랑합니다. 내가 이혼을 하게 되면 즉시 결혼해 주시겠죠?"

갑자기 L군은 잠이 깨어 아내의 분노에 찬 얼굴을 보게 되었다.

그는 돌아누워 계속 말했다.

"컷! 자, 다음 장면을 준비하도록 합시다!"

시원찮은 남편

어느 부부가 섹스불화로 다투다가 서로 다른 방을 쓰고 있었다.

어느 날, 한밤중에 부인의 비명소리에 잠을 깬 남편이 아내의 방으로 달려가서 불을 켰다. 그러자 어떤 사내가 황급히 창문으로 도망가는 것이었다.

깜짝 놀란 아내는 홀랑 벗은 채 침대 밑으로 숨으면서 말했다.

"두 번이나 당할 뻔했어요! 서로 각방을 쓴 때문이라고요!"

이 말에 남편은 화가 잔뜩 치밀어 올라 큰소리로 아내를 원망했다.

"뭣~땀시, 빨리 소릴 지르지 않고 가만히 당하고만 있었어!"

그러자 아내는 얼굴을 붉히며 풀죽은 목소리로 말했다.

"잠결에 당신인줄 알았는데, 그 사내가 질펀하게 한탕 하더니 잠시 후, 재탕을 노리는 바람에 비로소 당신이 아닌 줄 알았어요!"

니가 뭘 알아?

야구경기가 계속되는 동안 내내 고함을 치고 발을 동동 구르면서,

"심판을 죽여라, 저 거지 같은 심판을 죽여라."
하고 떠들어대고 있는 W양에게 참다못한 관객의 한 사람이,
"조용히 하세요, 아주머니. 저 심판이 특별히 나쁜 짓은 안 했잖아요."
하고 되받아 고함을 치자. W양은 더욱 큰소리로 외쳤다.
"저 놈이 나쁘지 않다고요? 쓸데없는 참견하지 말란 말이야. 저 놈은 내 남편이란 말이야. 당신이 뭘 안다는 거야. 죽여라, 죽여라, 저 거지 같은 심판을 죽여라."

뜨개질

Black Humor

신혼첫날밤 기수은 침대 위에서 신부가 샤워를 마치고 나오기만을 기다리고 있었다.

잠시 후 물기에 젖은 알몸상태로 욕실을 빠져나오는 풍만하고 눈부신 신부의 육체를 감상했다.

그러던 중 갑자기 기수 은 신부의 그곳에 눈을 고정시킨 채 벼락같은 소리를 지르며 날뛰기 시작했다.

"뭐야! 뭐야! 털이 없잖아! 야! 이건 사기야~ 사기!"

그러자 몸에 물기를 닦아내던 신부가 기수을 째려보며 가소롭다는 듯 입을 열었다.

"이봐! 신랑아! 니 뜨개질 하러왔니?"

바람둥이 여자 이름 아는 법

조그마한 마을, 단 하나밖에 없는 카톨릭 성당의 신부는 그 날도 다른 날과 다름없이 신도들의 참회를 차례로 듣고 있었다.

마지막 차례가 되어 들어온 사람은 멀리서부터 일거리를 찾아 이 마을까지 온, 보기에는 정력적으로 생겨먹은 P군이었다.

P군은 마을에 오자마자 음란한 행동을 하고 말았다고 참회하는 것이었다.

"상대는 누군가?"

하루의 일과가 끝나간다고 생각하던 신부가 자기도 모르게 몸을 앞으로 내밀며 물었다.

"오! 그것만은 말할 수 없습니다. 신부님."

"슈퍼마켓 빵집 부인이지?"

"아닙니다. 아니에요."

"그럼. 정력약국 부인이지?"

"그것도 틀립니다."

"알았어! 요구르트배달 아줌마구먼?"

"신부님, 오늘은 어쩐지 그 여자들의 이름을 댈 기분이 나지 않습니다. 다음날 다시 들를 때 고백하겠습니다. 그럼 이만….”

P군이 성당에서 나오자 밖에서 기다리고 있던 친구가 서
둘러 묻는 것이었다.

“어땠어? 알아냈어?”

P군은 득의 만만한 얼굴로

“아무렴! 이 동네의 바람둥이 여자 이름! 그것도 세 사람
씩이나 알아냈다고!”

밥 한술이?

쏴 댕기기 좋아하는 대발이 건들건들하면서 나들이 길에 나섰다.

해는 중천에 뜨고 한나절이 될 무렵이었다.

한적한 마을을 지나려는데, 마침 점심참이라 농부가 밭머리에 앉아 점심을 먹고 있었다.

갑자기 시장기가 닥친 대발이 농부에게 다가가서,

"밥 한술 신세 좀 집시다."라고 했다.

마음씨 착한 농부는,

"가져온 건 다 먹고 없는데, 저기 산밑에 보이는 집이 내 집이요. 집에 가면 마누라가 있을 터이니, 내게 말했다하고 드시고 가시유."

대발이 농부 집에 도착하여 혼자 있는 아낙을 보고 마음이 달라져 이렇게 말했다.

"저기 보이는 저 양반이 댁에 남편이여라우?" 아낙은 의아해하며 그렇다고 했다. 그러자 재발이,

"댁에 남편이 댁을 꼭 한번 먹고 가라고 해서 왔소!"

아낙 생각엔 요즘 남편이 농사일에 바빠 거시기를 잘못해주더니 미안해서 그러는가 보다 생각하고서, 멀리 보이는 남편에게 소리를 질렀다.

132

"여~보! 이 양반한테 드려도 돼~유~?"

그러자 농부가 일손을 멈추고 엉거주춤 일어서서.

"걱정말고 어서 드려~이!"

대발 이는 오랜만에 시동도 걸어보고 따뜻한 점심대접에
다가 완전 대박이 터진 날이었다.

공처가의 변명

회사 일을 마친 동료들이 함께 퇴근하는데, A군이 조금 이상했다. 군밤을 한 봉지 사더니, 오징어와 호떡, 순대까지도 한보따리 사는 것이었다.

한 친구가 놀렸다.

"자네, 그거 집사람 주려고 그러지?" "응."

"참, 정성도 대단하군. 근데 사도 하나만 사지 왜 그리 많이 사나?"

A군이 대답했다.

"이래야 내가 행복하거든."

"아니, 그런 걸 안 사 갖고 들어가면 혼이 나나?"

"그게 아니라…."

"?"

"우리 마누란 꼭 뭘 먹을 때만 잔소리를 안하고 조용하거든."

사기 결혼

결혼적령기에 접어든 암꽃게가 '달이 휘영청 밝은 보름날밤 내님은 어디 있을까?'

하고 바위 위에 걸터앉아 한숨을 쉬고 있었다.

이때 지지리도 못생긴 숫꽃게 한 마리가 앞으로 기어가고 있는 게 아닌가. 비록 얼굴은 못생겨도 지구상의 모든 게들이 걸을 수 없는 정면 걷기를 하고 있었다.

그래서 암꽃게는

'저님이라면 정력도 왕성하여 밤마다 나를 즐겁게 해줄 수 있을 거야.' 하고 생각이 미치자 미련 없이 달려가 프러포즈했다. 그리하여 꿈같은 첫날밤이 지나고 아침이 되었다.

그런데 어젯밤에 당당히 앞으로 걷던 서방님 꽃게가 여느 게와 마찬가지로 옆으로 걷는 게 아닌가?

놀란 신부 꽃게는

"아니 어제는 앞으로 걷더니, 지금은 왜 옆으로 걸어요?"라고 물었다.

그랬더니 서방님 꽃게가 하는 말이

"어제는 술이 너무 취해서 팔자걸음 걸은 거야~!"

탈옥했다가 돌아온 이유

T군이 대낮에 간수들의 감시망을 피해 탈옥을 하였다.

그런데 탈옥에 성공한 T군이 그 날 밤 자정을 넘기지 못하고 교도소로 들어와 자수를 해버렸다.

그 소식을 들은 기자들이 카메라를 들이대며 T군에게 물었다.

"아니, 어렵게 탈옥에 성공해서 돌아온 이유가 뭡니까?"

"이렇게 빨리 돌아온 무슨 이유가 있습니까?"

그러자 T군은 매우 홀가분하다는 표정을 지으며 이렇게 대답하는 것이었다.

"집에 돌아가 살그머니 방문을 여는데 아내가 다짜고짜 쌍심지를 켜고 덤비더군요. 탈옥한 것이 8시간 전인데 대체 그동안 무슨 짓을 하고 왔느냐고요? 간신히 탈옥에 성공했다만 마누라의 바가지를 듣는 순간 차라리 감옥이 낫겠다 싶더군요. 그래서 부랴부랴 다시 돌아왔습니다."

나체 마라톤

비가 보슬보슬 내리는 어느 토요일이었다.

한 여자가 남편이 출근하고 없는 틈을 타서 결혼 전에 사귀던 남자를 불러들여 황홀한(?) 시간을 보내고 있었다. 열나게 정신 없이 일을 치르고 있는데 초인종이 울렸다. 여자가 알몸으로 나가서 물었다.

"누구세요?"

"나야 문 열어."

남편이 평소보다 일찍 퇴근한 것이다. 여자는 깜짝 놀라 당황했다.

"자~잠~잠깐요~"

여자가 방으로 들어와 다급한 목소리로 옛 애인에게 말했다.

"크~일 났어요. 남편이 왔어요. 빨리 부엌 다용도실 창문으로 나가요."

"뭐? 밖에 비가 오는데?"

"남편이 우리를 보면 둘 다 죽일 거예요. 그러니까 빨리 나가요."

딩동~딩동~딩동~. 남편은 계속 초인종을 눌러댔다.

"뭐해? 빨리 열어. 나 화장실 급하단 말이야!"

"알았어요. 조금만 기다려요~"

남자는 어쩔 수없이 서둘러 옷가지를 들고 부엌 다용도실 창문 밖으로 뛰어내렸다.

다행히 그 아파트는 2층이라서 어렵지 않게 뛰어내릴 수가 있었다.

마침 그날은 시청에서 주최하는 시민 마라톤대회가 있는 날이라 남자도 얼떨결에 사람들 속에 섞여 달리기 시작했다.

허겁지겁 도망치느라 옷도 제대로 입지 못한 상태에서 남자는 알몸으로 달렸다.

사람들이 남자 옆을 지나가면서 한 번씩 쳐다보았고, 남자는 정말 쪽팔려 죽을 것만 같았다. 그렇게 한참 달리고 있는데 옆을 지나가던 어떤 노인이 물었다.

"젊은이는 항상 그렇게 다 벗고 뛰는가?"

달리느라 숨이 찬 남자는,

"네. 헉헉~ 벗고 뛰는 게 편해서요."

"그 옷들을 들고? 불편할 텐데?"

"아뇨~, 헉~. 그래야 다 뛴 후에 옷을 입죠."

노인은 아직도 궁금한 것이 있는 듯,

Black Humor

"그럼 그 콘돔은 왜 끼고 뛰는가?"
순간 당황한 남자는 얼굴이 파래지면서,
"헉헉~ 이거요?

이건 비가 올 때만 쓰는 거시기 우산이오 ."

139

참회의 기회

이른 아침 수녀원장을 찾아온 젊은 수녀 B양이 말했다.

"어젯밤 늦게 정원을 산책하고 있었는데…."

"그런데?"

"갑자기 정원사가 저를 땅바닥에 눕히고서는…."

"?!"

"제 얘기, 무슨 소린지 아시겠죠? 어떠세요? 제게 참회의 기회를 주시겠어요?"

말을 듣고 난 수녀원장이 말했다.

"즉시 레몬 열 개를 먹도록 해라"

B양이 의아한 표정을 지으며 되물었다.

"원장 수녀님, 그 걸로는 죄가 씻기지 않을 것 같은데요?"

그러자 수녀원장은 이렇게 대꾸하는 것이었다.

"나도 알아. 하지만 그렇게 하면 네 얼굴의 그 만족스러운 웃음은 가시겠지."

스포츠카와 닭

한 남자가 새로 산 스포츠카를 타고 길을 달리고 있다. 놀랍게도 닭 한 마리가 엄청난 속도로 차를 추월하여 달리고 것이었다.

남자도 속도를 높여 달렸지만 닭은 이 차를 따돌리고 사라져 버렸다. 그 남자는 동네를 수소문해 이 닭의 주인을 찾아 말했다.

"그 닭을 100만원에 파시오!"

주인은 고개를 절레절레 흔들었다.

"그럼 1000만원에 파시오!"

주인은 막무가내였다. 그래서 열 받은 남자는,

"에이 그까짓 닭 한 마리 가지고. 좋아! 3000만원에 내 차 까지 줄 테니 파시오!"

그래도 주인은 고개만 가로로 저었다.

남자는 화가 나서,

"도대체 안 파는 이유가 뭐요?"

"잡혀야 팔지요!"

"…"

영어로 읽는 유머

A man inserted an 'ad' in the classified ads;
"Wife wanted."
The next day he received a hundred letters.
They all said the same thing :
"You can have mine."

한 남자가 분류 광고에 "아내 구함"이라는 광고를 게재
하였다.
그 다음날 그는 수백 통의 편지를 받았다.
그들은 모두 똑같은 말을 했다.
"제 아내를 데려가세요."

줄을 서시오

장님 할머니가 길을 가다가 넘어졌다. 공교롭게도 좁은 길가의 가지 밭에 넘어졌다.

그것도 모르고 할머니는 더듬더듬 주위를 더듬어댔다. 그러자 손에 무엇이 물컹하고 크고 긴 것들이 잡혔다.

여기저기를 더듬어 보아도 계속 그 거시기들뿐이었다. 그러자 장님 할머니는 동작을 멈추고 잠시 생각에 잠기더니 이렇게 말했다.

"줄을 서시오, 줄을!"

Black Humor

켁!

반했습니다.

어느 대학교 복사 실에 못생긴 여자가 들어왔다.
마침 먼저 와 있던 잘생긴 남자 T군이 복사를 하다 말고
한참 그녀를 바라보더니, 떨리는 목소리로 말했다.
"반…… 반했습니다."
그 말을 들은 못생긴 여자는 너무 기쁘고 감격스러워서
그만 눈물을 흘렸다.
그러자 잘생긴 남자가 미소를 지으며 말했다.

"나머지 반…… 반도 금방 끝납니다."

대패 밥을 찾아와요

옛날에 한 선비가 나이 스무 살이 넘도록 장가를 들지 못하다가 마침 적당한 혼처가 있어 날을 잡아놓았다.

그런데 이 노총각은 은근히 규수를 보고 싶어서 그녀 집을 찾아가서 지나는 길이라 들렸다고 하였다.

해질 무렵이었다. 선비는 규수의 방이 있는 뒤뜰로 나가 서성거리고 있을 때, 그녀가 나왔다. 그러자 당황한 선비는 오줌을 누는 척 하였다. 규수 또한 낭군 될 사람이 궁금하여 힐끗 선비를 돌아보았을 때, 석양의 그림자에 길게 늘어진 선비의 그것이 보였다.

그런데 석양에 비친 그림자의 길이가 엄청 길어서, 이에 놀란 규수는 곧 어머니를 찾아가 말했다.

"어머니. 난 시집을 안 갈래요."

"무슨 소리냐, 날까지 정해놓고~."

"시집가면 그 날로 병x이 된단 말이야."

"x신이라니, 그 무슨 엉뚱한 소리냐."

규수는 어머니에게 그림자의 이야기를 하였다.

어머니 역시 딸의 말을 들어본즉 기가 막혔다. 그래서 딸의 장래가 근심이 되어 사위될 사람에게 염치 불구하고 사실대로 말했다.

그러자 사윗감은,

"장모님 걱정하지 마세요."

"걱정을 하지 말라니. 그게 무슨 소린가?"

"예 집에 가서 대패로 적당히 깎아버리면 됩니다."

문제는 간단히 수습되고 예정대로 혼사를 치렀다.

첫날밤 신부는 달콤하게 사랑을 나눈 뒤 갑자기 소리쳤
다.

"여보! 어서 대패 밥을 찾아와요."

착각도 자유

젊고 멋있는 사장이 회사에 새로 부임해 왔다.

총각이라는 소문도 쫙 퍼졌다.

한 달쯤 지난 어느 토요일 퇴근 시간이었다.

사장이 여비서에게 은근한 목소리로 물었다.

"B양, 일요일 저녁에 약속 있습니까?"

"아뇨, 아무 약속도 없어요."

부임 한 달만에 처음으로 듣는 사장의 따뜻한 말씨에 B 양은 얼른 대답했다.

얼굴이 붉어지고 괜히 가슴이 두근댔다.

"좋아요, 잘 됐군요. 그렇다면 제발 부탁이니 일요일 밤 에는 일찍 자고 월요일 날 아침에는 지각 좀 하지 마시 오."

교통위반

목사님과 신부님 두 분이 오토바이를 타고 과속으로 달리고 있었다.

교통경찰관이 그들을 세워보니 목사님과 신부님이었다.

그래서 웬만하면 봐주려고 했다.

"아실만한 분들이…, 천천히 다니십시오. 사고나면 큰일 납니다."

그러자 신부님이,

"걱정하지 마십시오. 예수님께서 함께 타고 계십니다."

그 말을 들은 경찰은,

"그럼 스티커를 끊겠습니다."

"헉! 아니 왜요?"

목사님이 황당해 하며 경찰관에게 물었다.

"3명이 타는 것은 위법이니까요."

맛이 달라

물레 방앗간집 주인이 산 너머 마을로 밀가루 배달을 가게 되었다. 그런데 산 너머 동네 술집에는 반반한 여자들이 있다는 소문을 자자했다.

그 마누라는 아무래도 안심이 되지 않아 남편의 그것에다 밀가루를 흠뻑 칠한 후 말했다.

"임자가 집에 오면 이걸 검사할 테니, 엉뚱한 짓 하지 말아요. 알았어요."

'제기럴. 밀가루야 천지인데.' 하고 서방은 코방귀를 뀌며 집을 나섰다. 그리고 배달을 마치고 품삯을 받자. 그 길로 곧장 술집으로 달려가 한잔하고 계집과 재미를 본 다음에 집으로 돌아와 시치미를 뚝 떼고 말했다.

"자, 볼 테면 보시오."

서방은 밀가루를 뒤집어 쓴 그것을 보였다.

그러자 마누라는 손가락으로 묻은 밀가루를 찍어 맛을 보더니 고래고래 소릴 지른다.

"이 능청스런 거짓말쟁이야, 가루가 다르단 말이야. 난 가루에 소금을 섞었는데, 이건 아무런 맛도 없잖아."

안 받고 싶어요.

한 남자가 고속도로에서 차를 난폭하게 몰고 있었다.
남자가 150킬로로 접어드는 순간, 순찰자가 사이렌을 울리며 따라오는 것이었다.
순찰차를 따돌릴 수 있으리라 생각한 사내는 시속 170킬로를 밟아도, 시속 190킬로를 밟아도 계속 따라오자 결국 차를 멈추고 말았다.
추적하던 경찰관이 다가와서 그에게 물었다.
"당신, 정지 신호를 무시하고 도망간 이유가 뭐야?"
사내는 긴 한숨을 쉬며 말했다.
"제 마누라가 경찰하고 눈이 맞아서 도망을 갔습니다."
"그게 검문에 불응하고 도망친 것과 무슨 관계가 있소?"
사내가 대답했다.

"죄송합니다. 전 그 경찰관이 제 마누라를 돌려주려고 따라 오는 줄 알았습니다."

씨 없는 수박

한 남자가 새로 이사 온 후 과일가게에서 수박을 샀다.
그를 본 사람들은 모두 웃는 것이었다.

계산을 할 때 직원도 웃고 나와서 길을 걷는데 마주치는
사람마다 웃었다.

남자는 집에 돌아와서 수박을 건네며 아내에게 말했다.

"이 동네는 마음씨 좋은 사람만 있는 것 같아. 만나는 사
람마다 웃더라고

이사 정말 잘 왔써~~~."

그러자 아내가 말했다.

"바지에 붙은 '씨 없는 수박' 스티커나 떼세요."

119 구조대

Black Humor

아내에 비해 조금 늙은 남편이 다른 때보다 일찍 집에 들어오게 되었다. 그런데 집안이 온통 물바다가 되어 있고, 그의 젊고 예쁜 아내가 몸에는 아무것도 걸치지 않은 채 서 있는 것이었다.

남편이 놀라서 젊은 아내에게 물었다.

"여보, 무슨 일이야?"

젊은 아내가 떨면서 대답했다.

"물침대가 터졌나 봐요."

남편이 침대를 살펴보려 하는데 침대 뒤에 한 발가벗은 젊은 남자가 숨어 있는 것을 발견했다.

"이놈은 누구야?"

젊은 아내가 남편에게 대답했다.

"글쎄요, 119 구조대인가 봐요."

거스름 돈

결혼을 앞둔 커플이 있었다.

주례를 서줄 사람이 마땅히 없어서 전문가에게 맡기기로 했다.

"주례 좀 서 주십시오. 사례는 충분히 드리겠습니다. 얼마면 될까요?"

주례는 빙그레 웃으면서,

"신부가 예쁜 만큼만 주세요."

그러자 신랑은 주례의 손에 100원을 쥐어 주었다.

주례는 어이가 없었지만 약속을 했기 때문에 그냥 서주기로 했다. 결혼식이 끝나자 주례는 신부의 얼굴이 궁금했다. 그래서 신부에게 다가서 면사포를 살짝 들춰봤다. 그리고 조용히 신랑에게 다가가서 말했다.

"얼마 거슬러 줄까?"

장난감

다섯 살 난 꼬마가 엄마를 따라 산부인과에 갔다.

대기실에 나란히 앉아 있는데 엄마가 갑자기 배를 움켜쥐면서 신음 소리를 냈다.

"엄마 왜 그래? 어디 아파?"

엄마가 고개를 저으며 말했다.

"뱃속에 있는 네 동생이 심심한가 봐. 자꾸 발길질을 하네."

그러자 꼬마가 엄마에게 말했다.

"그럼 장난감을 사 줘 봐."

"?"

"동생이 심심한가 봐. 가지고 놀게."

밤에만 입는 정장

 시부모를 모시고 사는 새댁의 방문을 늦은 밤에 시어머니가 노크 없이 열었다. 마침 신랑이 퇴근을 하는 시각이라 며느리가 옷을 모두 벗고 있었다. 이 광경을 본 시어머니께서 놀라서,

"얘야 어찌 그 모양으로 있느냐."

그러자 새댁이 말하길,

"어머니 이렇게 있는 것이 제가 밤에 입는 정장입니다."

이에 시어머니는 '요즈음 젊은것들의 밤 정장이구나' 라고 생각하고선, 그 다음날 시어머니도 시아버지가 마실 다녀오는 시각에 며느리처럼 홀러덩 벗고 있었다. 그것을 보고 놀란 시아버지는,

"옷이 없소, 손이 없소. 망측하게 그게 뭐요."

그렇지만 할머니는 자랑스럽게 말했다.

"영감~ 며늘아기가 하는 말이, 이 차림이 밤에 하는 정장이라네요. 요즈음 젊은이들은 다 밤에는 이렇게 정장을 한다고 해서 나도 이렇게 차려입었소.

어때 보기가 좋지 않소?"

비행기가 추락하면?

한미 합동 훈련 중 비행기가 추락했고 양국 공군에 비상
이 걸렸다.
양국 공군에서 나온 첫 마디는 이런 말이었다.
먼저 미국 공군에서 나온 말은 이러했다.
"조종사는?"
한국 공군의 말은?
"비행기는?"

천만다행

더운 여름날 격렬하게 관계를 한 후 남녀가 나란히 누워 있었다. 남자가 먼저 입을 열었다.

"아! 더워~. 이럴 때 이열치열이라고 뜨거운 커피라고 한잔 마시면 좋겠다."

"좋아요. 당신이 날 그렇게 황홀하게 해줬으니, 커피 한잔 드릴게요."

여자는 알몸으로 일어나 커피를 뜨겁게 끓여 왔는데, 그만 침대에 누워있던 남자의 다리 사이로 커피를 쏟고 말았다.

"앗! 뜨거워!"

남자는 중요한 부위에 화상을 입고 어쩔 줄 몰라 할 때, 여자는 소독을 하고 붕대를 정성껏 감아주면서 말했다.

"그래도 천만 다행이야!"

"뭐가?"

"다친 게 나였으면 붕대도 못 감을 뻔했잖아!"

도서관에서

어제 친구와 함께 도서관에서 공부하던 중에 친구가 말했다.

"야! 나 큰일났다. 속이 안 좋아서 방귀가 계속 나와."

나는 아무도 모를 거라고 얘기해 주었지만 옆에 앉아서 감당해야 할 생각을 하니 심란했다.

그냥 신경 쓰지 않기로 하고 계속 공부에 열중하고 있는데 우와! 장난이 아니었다. 연달아 계속 뀌어대는데 차라리 싼다고 말하는 게 맞을 정도였다. 게다가 소리는 또 얼마나 신기하던지

'부우웅… 부우웅… 부우웅… 부우웅….'

방귀를 그렇게 높낮이 없이 규칙적으로 뀌는 사람은 처음 봤다.

주위에서는 그게 무슨 소린지 모르는 듯했고 속을 아는 나는 웃겨서 죽는 줄 알았다.

그런데 갑자기 대각선 쪽에 앉아 있던 사람이 성큼성큼 다가와 하는 말,

"(짜증 섞인 목소리로) 저기요! 휴대폰 좀 꺼주실래요?"

아직은

창녀들이 성병 예방약을 받기 위해 줄을 서서 기다리고 있었다.

그 옆을 지나가던 할머니가 창녀 중 한 명에게 물었다.

"이봐 처녀, 이게 뭔 줄이여~?"

그러자 창녀는 말하기 부끄러워 이렇게 말했다.

"사탕 받는 줄이에요~"

"그려~? 나두 사탕 좋아하는디~"

그러면서 할머니는 창녀들 사이에 들어가 줄을 섰다.

이윽고 할머니 차례가 되었다.

이에 놀란 의사가 말했다.

"아니, 할머니. 이런 일 하기 힘들지 않으세요?"

"괜찮어, 아직은 살 빨어~"

시켜서 못하면 죽어

Black Humor

어느 중학교에서 있었던 일이다.

안전교육을 가르치는 시간에 안전교육 비디오를 틀어 주는데, 선생의 실수로 그만 포르노 비디오를 틀고 말았다.

아이들은 마구 함성을 질렀다.

"저용, 조용, 집중해서 잘 봐."

그래도 아이들은 흥분하면서 마구 소리를 질러댔다.

그러나 자기가 비디오를 잘못 갖고 온 줄도 모른 채 비디오를 틀어 놓고 다른 일을 하던 덜떨어진 선생이 하는 말,

"이따가 거기 나온 거 시켜서 못하면 죽어!!"

처녀

여자는 병원을 찾아가서 의사에게 처녀막 재생수술을 해 달라고 했다.

의사는 수술은 50만원이고 5만 원짜리 간이처방도 있다고 했다.

여자는 조금 불안했지만 싸게 하길 원했기 때문에 5만원을 지불했고, 의사는 여자를 눕히고 잠시 무언가 하더니 끝났다고 했다.

며칠 후 첫날밤을 지낸 여자가 의사를 다시 찾아와서 말했다.

"완벽한 첫날밤이었어요. 선생님. 처녀처럼 아프기도 했고, 피도 났죠. 그런데 간이처방은 어떻게 하신 거지요."

의사가 대답했다.

"아~ 별거 아니에요. 털을 좀 묶어 놨죠…."

거지의 불만

거지 하나가 지나가던 신사에게 물었다.

"선생님 재작년까지 내게 늘 만원씩 주시지 않았습니까? 그런데 작년부터 왜 오천 원으로 줄었으며, 올해는 천원으로 줄었습니까?"

그 신사가 자초지종을 설명했다.

"전에야 내가 총각이었으니 여유가 있었지. 하지만 작년에 결혼을 했고, 이제는 애까지 있으니…."

그러자 거지가 어이없다는 표정으로 말했다.

"아니, 그럼 내 돈으로 당신 가족을 부양한단 말입니까?"

오늘밤은 참으세요.

"여보, 애들은 벌써 잠이 든 모양인데…."
하고 남편이 운을 띄웠지만 아내는,
"오늘밤은 참으세요. 내일 비가 안 오면 절에 불공드리러 갈 테니까, 몸을 정결히 해야 해요."
조금 지나자 밖에서 비가 주룩주룩 내리기 시작했다.
이때 옆에서 자는 줄 알았던 아들놈이 엄마의 귀에 대고 속삭였다.

"엄마, 비 와요…."

Black Humor

163

여자의 심각한 증상과 의사

한 여자가 의사를 찾았다.

"선생님! 저에게는 이상한 병이 있어요! 항상 방귀를 계속 뀌는 버릇이 있는데, 참 이상한 건 제 방귀는 아무 소리도 나지 않고 또 전혀 냄새도 나지 않는 특징이 있어요. 선생님도 전혀 모르시겠지만, 지금 여기 들어온 이후로 한 열 번은 뀌었을 거예요!"

심각하게 듣고 있던 의사가 말했다.

"알겠습니다. 심각하군요. 우선 이 약을 먼저 드셔보시고 일주일 후에 다시 오십시오."

일주일 후에 여자는 의사를 찾아와 따졌다.

"선생님! 도대체 무슨 약이에요? 병이 낫기는커녕, 이젠 제 방귀에서 심한 냄새까지 납니다. 뭔가 잘못 된 것 같아요!"

그 말을 듣고 의사는 말했다.

"자! 이제 코는 고쳤으니 이번엔 귀를 고쳐 봅시다!"

착한 아줌마

Black Humor

이웃집에 엽기 아줌마 두 사람이 살고 있었다.

하루는 동네를 한 바퀴 돌면서 바람을 피웠던 남자를 만나면 인사하기로 하고, 누가 인사를 많이 하느냐로 내기를 걸었다.

먼저 아줌마 한사람이 현관문을 나서는 순간 경비아저씨를 보고 "안녕하세요?"라고 했다.

그리고 계속해서 슈퍼 아저씨, 쌀집가게 아저씨, 비디오가게 아저씨 등등 만나는 사람마다

"안녕하세요?" "안녕…?" "안녕…?" 했다.

그러자 다른 아줌마는 한 번도 인사를 못해 창피(?)하기도 하고, 자존심도 상해 시무룩해져 집으로 돌아와 냉장고문을 벌컥 열고 하는 말.

"소시지야 안녕?

오이 안녕?

가지 안녕?

바나나도 안녕?"

작지만 단단한 놈

어느 대학 단과대 회장선거 때 있었던 일이다.

공교롭게도 한쪽이 여성, 또 한쪽은 남성이 회장 후보였다. 남자는 키가 155cm의 단신이었지만, 여자는 170cm의 장신이어서 남자 쪽이 심리적으로 위축되었다.

하지만 작은 고추가 매운 법! 남성측이 작은 키를 강점으로 삼아서 플래카드를 걸기로 했다. '작지만 단단한 놈, 김 아무개로.' 친구들이 스티로폼에 색 테이프를 붙여서 정성껏 만든 다음, 건물 옥상에 올라가 간신히 붙였다.

그런데 다음날이었다. 슬로건 맨 첫 글자의 받침인 'ㄱ' 자가 바람에 날려간 것이었다.

슬로건을 올려다보니 거기에는 '자지만 단단한 놈'이라고.

선거결과 유효 표 268표 가운데 255표를 얻어 압도적으로 단단한 놈이 당선되었다,

과다 노출

한 금발미녀가 블라우스가 활짝 열려 있고 오른쪽 젖가슴을 밖으로 다 드러내놓은 상태로 길을 걸어가고 있었다.

경관이 그녀의 근처에 와서 말했다.

"부인, 내가 당신을 과다노출 죄로 체포할 수도 있다는 사실을 알고 계신가요?"

"왜 그렇죠, 경관님?"

"당신 가슴이 밖에 나와 있잖아요?"

그녀는 아래를 보더니 깜짝 놀라 외쳤다.

"아니, 이럴 수가!
또 아기를 버스에 두고 내려버렸어요!"

등산 좀 자주 갑시다.

흥부부부가 산에 나무하러 갔다가 그만, 실수로 부인이 연못에 빠졌다. 흥부가 울고 있는데, 산신령이 젊고 예쁜 여인을 데리고 나오면서 물었다.

"이 사람이 네 마누라냐?"

"아니올시다."

산신령 여인을 놓고 다시 연못 속으로 들어가더니, 이번엔 탤런트를 닮은 젊고 어여쁜 여인을 데리고 나왔다.

"그럼 이 사람이 네 마누라냐?"

"아니옵니다."

산신령은 다시 물 속으로 들어가더니, 이번엔 정말 못생긴 흥부마누라를 데리고 나왔다.

"감사합니다. 산신령님~. 바로 이 사람이 제 마누라입니다. 고맙습니다." 라며 흥부가 마누라를 데려가려고 하는데, 산신령이 말했다.

"여봐라! 흥부야, 이 두 여인도 모두 데리고 가서 함께 살도록 하여라."

"아니옵니다. 저는 마누라 하나면 족합니다." 라며 마누라와 함께 집으로 내려왔다.

놀부는 흥부에게 산에서 있었던 이야기를 듣고, 갑자기

마누라 꼬셔 산에 등산 가자고 했다.

연못가에 이르러,

"여보! 이리와 봐, 물 참 좋구려."

놀부 마누라가 연못가에 다다르자, 그만 마누라를 연못에 밀어 넣고는 앉아서 산신령이 어여쁜 여자를 데리고 나올 때만 기다리고 있었다.

한참 후 어떤 건장한 사내가 물 속에서 나오는데, 바지를 입고 허리띠를 매면서 하는 말,

"어허! 오랜만에 회포를 풀었네."

뒤이어 놀부 마누라 물 속에서 나오면서 치마끈을 매며 하는 말,

"여보! 등산 좀 자주 갑시다."

시대차이

칠십 먹은 노인이 죽어서 하늘나라로 가게 되었다.

터덜터덜 걷다보니 스무 살쯤 되어 보이는 젊은 놈이 어른을 보고 인사도 않고 반말을 하며 지나가는 것이었다.

노인은 화가 너무 나서 가는 놈을 붙잡아 호통을 쳤다.

"야 이놈아, 너는 애비어미도 없냐? 엇다대고 반말이여, 반말이!"

그러자 그 젊은이가 대답했다.

"난 임진왜란 때 죽었다. 왜?"

가슴이 작은 여자?

가슴이 아주 작은 여자가 있었다.

그녀가 샤워를 마치고 나와 브래지어를 하는데, 옆에서

보고 있던 그녀의 남편이 한마디를 했다.

"가슴도 작은데 뭐 하러 브래지어를 하나?"

그러자 그녀가 남편에게 한마디했다.

"내가 언제 너 팬티 입는 거보고 뭐라고 하디!"

Black Humor

켁!

114

가정집에서 불이 났다.
놀란 아버지가 당황한 나머지,
"야야~! 119가 몇 번이여~!"하고 소리치자,
옆에 있던 외삼촌이 소리쳤다.
"매형! 이럴 때일수록 침착하세요!
114에 전화해서 물어봅시다!"

놀부와 스님

고약하고 인색하기로 소문난 놀부가 대청마루에 누워 낮
잠을 자고 있었다.

그때 어떤 스님이 찾아와서 말했다.

"시주 받으러 왔소이다. 시주 조금만 하시죠."

그러자 놀부는 코웃음을 치면서 재빨리 눈앞에서 사라지
라고 말했다.

그러자 스님 눈을 지그시 감고 불경을 외었다.

"가나바라~ 가나바라~ 가나바라~."

놀부가 그걸 듣고는 잠시 뭔가를 생각하더니 계속 지껄
이기 시작했다.

"주나바라~ 주나바라~ 주나바라~."

영어로 읽는 유머

Black Humor

Daughter : Dad, can you write in the dark?

Dad : I think so. What is it you want me to write?

Daughter : Your name on this report card.

딸 : 아빠, 어두운 곳에서 글씨를 쓸 수 있어요?

아빠 : 쓸수가 있지. 써주기를 원하는 것이 무엇이지?

딸 : 이 성적표에 아빠 이름을 써주세요.

목요일은 안되요

Black Humor

한 남자가 남극연구소로 파견되었다.

그 연구소는 남자연구원들 밖에 없었다. 며칠이 지나자 그 남자는 여자생각에 도저히 밤을 넘길 수 없었다.

그래서 연구소장을 찾아가 하소연하기 시작했다.

그러자 소장이 말하길,

"해결책이 있기는 한데…."

하면서 구멍이 뚫어진 통나무를 보여주었다.

남자는 아쉬운 대로 욕구를 해결할 수 있었다.

그런데, 생각보다 성능이 뛰어난 것이었다.

"오! 이런 방법이 있었다니. 매일 밤마다 사용해도 되겠습니까?"라고 소장에게 물었다.

"상관은 없지만, 목요일만은 사용할 수가 없네."

"아니, 왜죠?"

"목요일은 자네가 들어갈 차례거든."

요즘 남자 요즘 남편

* 마누라의 일에 11이 간섭하지 않으며

* 해주는 음식에 22가 없어야 하며

* 얼굴과 몸매는 33 해야 되고

* 여편네가 내리는 결정에 44건건 참견하지 않으며

* 침대에서는 55 하고 소리가 나게 해 주어야 하며

* 때로는 과감하게 66, 69 체위도 할 줄 알아야 하며

* 성격은 77 맞지 않아야 하며

* 정력은 88 해야 하고

* 언제나 늘 99 하고 자상하게 말을 해야 하며

* 경제력은 00 (빵빵) 해야 한다

피장파장

* 40대 :
    많이 배운 년이나 못 배운 년이나

* 50대 :
    예쁜 년이나 미운 년이나

* 60대 :
    자식 잘 둔 년이나 자식 못 둔 년이나

* 70대 :
    남편이 있는 년이나 남편 없는 년이나

* 80대 :
    돈이 있는 년이나 돈이 없는 년이나

* 90대 :
    산에 누운 년이나 집에 누운 년이나

    피장파장

웃기는 남자

* 50대 :
    사업 한다고 대출 받는 남자

* 60대 :
    이민 간다고 영어 배우는 남자

* 70대 :
    골프 안 맞는다고 레슨 받는 남자

* 80대 :
    거시기 안 된다고 비아그라 먹는 남자

* 90대 :
    여기저기 아프다고 종합검진 받는 남자

얄미운 여자

* 10대 : 얼굴이 예쁘면서 공부까지
　　　　잘하는 여자

* 20대 : 성형수술을 했는데 티도 없이 예뻐진 여자

* 30대 : 결혼 전에 오만 짓 다하고 돌아 쳤는데도,
　　　　서방 잘 만나서 잘만 사는 여자

* 40대 : 골프에 해외여행에 놀러만 다녔어도
　　　　자식들이 대학에 척척 붙어주는 여자

* 50대 : 계속 먹어도 살 안찌는 여자

* 60대 : 건강 복도 타고 났는데 돈복까지 타고난 여자

* 70대 : 자식들 시집장가 잘 가고,
　　　　서방까지 멀쩡한 여자

연대별 상품

* 10대 : 신상품

* 20대 : 명품

* 30대 : 정품

* 40대 : 기획 상품(10%할인)

* 50대 : 반액 세일

* 60대 : 창고 방출

* 70대 : 분리수거

* 80대 : 폐기 처분

* 90대 : 소각 처리

잠자리의 행태

Black Humor

* 20대 :

    포개져서 잔다.

* 30대 :

    마주 보고 잔다.

* 40대 :

    천장보고 잔다.

* 50대 :

    등 돌리고 잔다.

* 60대 :

    딴 방에서 각자 따로 잔다.

* 70대 :

    어디서 자는지도 모르고 잔다.

부부의 동거 형태

★ 10대 :

　서로가 뭣 모르고 산다.

★ 20대 :

　서로가 신나서 산다.

★ 30대 :

　서로가 한 눈 팔며 산다.

★ 40대 :

　서로가 마지못해 산다.

★ 50대 :

　서로가 가엾어서 산다.

★ 60대 :

　서로가 필요해서 산다.

★ 70대 :

　서로가 고마워서 산다.

세대별 정력

★ 10 대 :

　　번갯불 정력

★ 20 대 :

　　장작불 정력

★ 30 대 :

　　모닥불 정력

★ 40 대 :

　　화롯불 정력

★ 50 대 :

　　담뱃불 정력

★ 60 대 :

　　잿불 정력

★ 70 대 :

　　반딧불 정력

저승사자가 부르면

★ 회갑(回甲, 61) :

　지금 안 계시다고 여쭈어라.

★ 고희(古稀, 70) :

　아직 이르다고 여쭈어라.

★ 희수(喜壽, 77) :

　지금부터 老樂을 즐긴다고 여쭈어라.

★ 산수(傘壽, 80) :

　아직 쓸모가 있다고 여쭈어라.

★ 미수(米壽, 88) :

　쌀밥을 더 먹고 가겠다고 여쭈어라.

★ 졸수(卒壽, 90) :

　서둘지 않아도 된다고 여쭈어라.

★ 백수(百壽, 99) :

　때를 보아 스스로 가겠다고 여쭈어라.

학과별 물에 빠진 사람 구하는 방법

* 체육학과

큰소리로 물에 빠진 사람에게 수영하는 법을 가르친다.

* 신학과

물이 두 갈래로 갈라지기를 기도한다.

* 철학과

모든 사람은 죽는다. 그도 사람이다. 고로 그도 죽을 것이다. 애써 구할 필요가 없다.

* 건축학과

상류로 올라가 댐을 쌓는다.

* 지리학과

300,000:1지도를 구해 수심이 얕은 곳을 찾아간 후 빠진 사람이 그쪽으로 떠내려 올 때까지 기다린다.

* 화학과

소금을 잔뜩 강물에 풀어 넣은 후 사람이 뜰 때 구한다.

White Humor

★ 화학과 대학원

강물을 전기분해하여 산소와 수소로 분리되면 그때 구한
다.

★ 광학과

오목거울과 볼록렌즈로 햇빛을 집중시켜 강물을 증발시
킨다.

★ 항공학과

커다란 선풍기를 구입한 후 물에 빠진 사람을 건너편 강
둑으로 날려버린다.

★ 의상학과

물먹는 하마를 왕창 넣는다.

White Humor

너도 내 나이 되봐

늙은 나무꾼이 나무를 베고 있었다.

개구리 : 할아버지

나무꾼 : 거, 거기… 누구요?

개구리 : 저는 마법에 걸린 개구리예요.

나무꾼 : 엇! 개구리가 말을??

개구리 : 저한테 입을 맞춰 주시면 사람으로 변해서 할아버지와 함께 살 수 있어요. 저는 원래 하늘에서 살던 선녀였거든요.

그러자 할아버지는 개구리를 나무에 걸린 옷의 호주머니에 넣었다.

그러고는 다시 나무를 베기 시작했다.

개구리 : 이봐요, 할아버지! 나한테 입을 맞춰주시면 사람이 돼서 함께 살아드린다니까요!

나무꾼 : 쿵! 쿵!(무시하고 계속 나무를 벤다)

개구리 : 왜 내 말을 안 믿어요? 나는 진짜로 예쁜 선녀라고요!

나무꾼 : 믿어.

개구리 : 그런데 왜 입을 맞춰 주지 않고 나를 주머니 속에 넣어두는 거죠?

나무꾼 : 나는 예쁜 여자가 필요 없어. 너도 내 나이 돼봐. 개구리와 얘기하는 것이 더 재미있지.

칠수 왔어?

만수은 오랜만에 목욕탕에 가서 목욕을 하고있었다.

한참 씻고 있는데, 동네 잔디깎는 일을 하는 칠수라는 녀석이 나타났다.

그런데, 칠수의 그것은 너무나도 커서 만수의 눈에는 그것밖에 보이지 않았다.

만수 : 어이, 칠수, 좀 사적인 질문이네만, 자네 건 왜 그렇게 크지?

칠수 : 어, 이거요? 간단하죠. 전 자기전에 이놈을 침대기둥에 세번 내리치거든요.

만수 : 그래? 음, 생각보다 간단하군, 그래.

새로운 사실을 알아낸 만수은 얼른 써보고 싶어서 안달이 났다.

마침내, 저녁이 되어, 만수은 샤워를 마치고, 아내가 자고있는 침대로 당당하게 걸어갔다.

그리고는 배운대로 자기의 그것을 침대기둥에 세번 내리쳤다.

그러자, 잠에서 깨어난 아내가 존이 하는짓을 보더니 눈을 비비며 왈, ...

응? 칠수왔어?"

어디서 쉴까?

땡구에게도 어여쁜 여자친구가 생겼다.

남자라곤 만나본 적 없다는 그녀에게 내가 첫 번째 남자
친구가 된 것이다.

그래서 손을 잡을 때도 조심스러웠고 항상 그녀의 순수
한 모습을 다치게나 하지 않을까 염려했다.

그녀를 만나기 시작한 지 2주쯤 지났다.

이번 주말에는 뭘 할까 궁리한 끝에 기차를 타고 춘천에
가기로 했다.

아침 일찍 출발한 우리는 즐거운 시간을 보냈다.

많은 추억을 가슴에 간직한 채 저녁이 되어 춘천역으로
왔다.

열차시간이 한 시간이나 남아 역 주변을 거닐었다.

알다시피 휑한 역 주변에는 여관과 식당들만이 있을 뿐.

겨울이라 밖에 있기도 춥고.

여관 간판을 보며

'저기서 쉬면 따뜻할 텐데' 하는 생각을 슬쩍 하다가도
천사 같은 그녀를 보면 그런 생각을 한 나 자신이 죄스러
워졌다.

"춥지?

아직 한 시간 정도 남았는데 뭘 할까? 커피숍 갈까?"

"아니. 시간도 애매하고 커피숍가면 돈 아까워."

이어서 그녀가 말했다.

"우리 여관에서 쉬고 있을까?"

순간 아찔했다.

'헉! 아, 아니…나야 좋긴 한데. 근데 우리 아직 뽀뽀도 안 했는데…어떡하지?

당황한 나는 어쩔 줄 몰라 하며 그녀를 바라보는데 그녀가 다시 말했다.

"왜 그래?

역 안에서 쉬고 있자니까~."

여관에서 죽이고 싶은 여자

Black Humor

허리띠 장식이 X도 복잡한 여자.
이런 걸 차고 나오려면 설명서라도 준비하던가...쌍!!

X지털이 윤기가 자르르 흐르는 여자.
이런 년들은 목욕을 일년에 딱 두 번만 한다. 추석 전날
밤과 설날 전 날밤

브래지어 벗기자마자 젖이 밑으로 축 처지는 여자.
갑자기 돌아가신 할머니 생각에 눈시울이 뜨거워진다.

키스하면서 자기 침을 내 입 속에 쏟아 붓는 여자.
맛도 없는 게 량은 더럽게 많아요~

팬티, 팬티스타킹, 거들 올 인원으로 이중 삼중으로 아랫
도리를 숨겨놓은 여자.
왠지 벗기기 무섭다.

내 X지를 보고 쯧쯧쯧 혀 차는 년.
저도 잘난 것 없는 X지 주제에... 그래도 내 X지는 쓰리

콤보 최첨단 테크놀러지다.

젖꼭지 시커면 여자.
산전, 수전, 공중전, 시가전, 게릴라전까지 다 겪은...뭐
라고 할 말이 없다.

X빠지게 펌프질하는데 박자 하나 제대로 못 맞추는 여
자.
꼭- 이런 여자들이 노래방에서 탬버린 갖고 지랄발광을
떤다.

Black Humor

새총 만들기

Black Humor

아버지와 아들이 정답게 이야기를 나누고 있다.

아들: 아빠 나 100원 만 줘!

아빠: 100원은 뭐하게?

아들: 고무줄 사려고

아빠: 고무줄은 뭐하게?

아들: 새총 만들지~~

아빠: 새총은 만들어서 어디에 쓰려고?

아들: 새 잡으려고

아빠: 새는 잡아서 뭐하게?

아들: 팔지!

아빠: 팔아서 뭐하게?

아들: 고무줄 사려구~~

아빠: 고무줄은 뭐하러 사!

아들: 새총 만들게~~

아빠: 이런... 이거 정신 나간 놈 아냐!!

#아빠는 당장 아들을 정신병원에 집어넣었다.

그리고 10년 후 아들이 말했다.

아들: 아버지! 저 4천만 원만 주세요...

아빠: 4천만 원은 뭐하게?

아들: 차 사려고요...

아빠: 차? 차는 왜?

아들: 여자 꼬시려고요...

아빠: 어이구~~ 이제야 니가 제정신으로 돌아 왔구나...
여자는 꼬셔서 뭐 하려구?

아들: 여관으로 데려 가야죠!

아빠: 오호! 그 다음엔 뭐하지?

아들: 옷을 벗겨야죠~

아빠: 아이구 내 아들~~ 그래 그 다음에는?

아들: 물론 팬티를 벗겨야죠!

아빠: 팬티는 왜 벗기는데?

아들: 고무줄 빼서 새총 만들게!

누구야!

어느 날 아주머니가 양계장에 가서 계란을 한판 샀다

집에 와서 계란 후라이를 하려고 계란하나를 프라이팬에 깼다
그런데 어라 계란에 노른자가 두개다
기분이 나쁜 아줌씨가 양계장으로 가져가서 이야기했다
그러자 양계장 주인이 보더니

"닭들 다 모여!!!"
하고 닭들을 불렀다
닭들이 모두 모였다
그러자 양계장 주인 하는 소리

"어젯밤에 두 탕 띈 꼬꼬 나와"

아주머니는 바꿔온 계란을 또 깼다
그런데 어럽쇼 이것 보게이번에는 노른자가 아예 없네
기분이 상한 아줌씨가 또 그것을 가지고 양계장으로 갔다

이번에도 양계장 주인은 닭들을 불러모았다

"닭들 다 모여!!!"
닭들이 다 모였다
그러자 주인이 하는 말.

"어젯밤에 피임한 꼬꼬 나와!!"

Black Humor

찜질 방에서 부부와 불륜 차이점

1.언제?

부부-주말에 주로 이용한다.

불륜-평일에 이용한다.

2.올 때

부부-맨 얼굴로 온다.

불륜-화장하고 온다.

3.요금

부부-쿠폰 사용해 여자가 낸다.

불륜-현금으로 남자가 낸다.

4.찜질복

부부-집에서 가져온다.

불륜-돈주고 빌린다.

5.탕에서

부부-때까지 밀고 나온다.

불륜-샤워만 하고 나온다.

Black Humor

6.찜질

부부-따로따로 편하게 찜질한다.

불륜-항상 붙어서 찜질한다.

7.휴식

부부-남들과 어울리며 즐긴다.

불륜-둘만 한적한 곳에서 누워서 논다.

8.잠

부부-1m 이상 떨어져서 코골며 잔다.

불륜-남자가 팔베개 해주며 잠 안자고 소곤거린다.

9.식사

부부-여자가 챙기고 미역국만 먹는다.

불륜-남자가 챙기고 육류만 먹는다.

10.갈 때

부부-차 한 대로 간다.

불륜-각자 자기 차로 간다.

199

남자의 답변

1. 싸우거나 트러블이 생기거나 하면 즉시 먼저 사과하고 푼다. & 화해를 시도한다.
[남자의 답변: 먼저 화낸 쪽이 사과하고 화해를 시도한다. 시댁이나 친구들에게 뒤에서 내 욕하지 않는다.]

2. 담배 끊는다.
[남자의 답변: 스타벅스 커피, 레드망고 끊는다.]

3. 게임 끊는다.
[남자의 답변: 드라마 끊는다.]

4. 매일 10번 이상씩 안아 주고 10번 이상씩 뽀뽀해 준다.
[남자의 답변: 좋다]

5. 집안 일은 반반씩 분담한다.
[남자의 답변: 좋다. 근데 너도 맞벌이한다.]

6. 아이가 생기면 아이와 하루에 1시간 이상 함께 놀아주고 3시간 이상 함께 지낸다.

Black Humor

[남자의 답변: 너도 맞벌이하면서 한번 해보자]

7. 저녁 식사는 집에 들어와서 함께 한다.
[남자의 답변: 너도 맞벌이하면서 한번 해보자]

8. 2주에 한권 이상 책을 읽는다.(컴퓨터 관련서적, 만화책, 게임책, 기타 불순한 서적 제외)
[남자의 답변: 너도 2주에 한권 이상 책을 읽는다.(여성잡지 제외)]

9. 항상 같이 시장 본다.(단, 내가 괜찮다고 할 때는 예외)
[남자의 답변: 근데 시장 볼 때 물건 반반씩 든다]

10. 아침에 같이 산책 한다.
[남자의 답변: 돌아오는길에 레이스 뛰어서 집에 늦게 도착하는 쪽이 하루 식사/설거지 당번]

11. 책상과 컴퓨터 책상 위는 항상 깨끗하게 정리한다.
[남자의 답변: 얼굴과 몸매는 항상 최상의 상태로 유지한다.]

12. 빨래할 옷은 빨래통에 입던 옷인데 더 입을 옷은

개어 놓거나 옷걸이에 걸어 놓는다.
[남자의 답변: 알겠다]

13. 물건은 항상 제 자리에 놓는다.
[남자의 답변: 알겠다]

14. 일주일에 한번 이상 외식한다.
[남자의 답변: 차 언제 사냐고 구박하지 않는다.]

15. 3개월에 한 번 이상 여행 간다.
[남자의 답변: 집 언제 사냐고 구박하지 않는다.]

16. 재활용은 철저히 한다.
[남자의 답변: 알겠다.]

17. 귀가 시간을 엄수한다.
[남자의 답변: 너도 맞벌이하면서 한번 해보자]

18. 집에 손님(친구, 친척등)을 데려 올 때는 사전에 몇일 전, 여의치 않으면 최소한 세 시간 전에 연락을

하고 허락을 맡은 후 허락 받은 것에 대해서만 초대한
다.
[남자의 답변: 너도 마찬가지]

19. 몸무게는 85Kg 이하로 항상 유지한다.

[남자의 답변: 몸무게는 50Kg 이하로 항상 유지한다(임신때빼
고)]

20. 제사 끝난 후 일주일 간 집안 청소, 빨래, 설거지 를 다 도맡아 한다.

[남자의 답변: 처가 다녀온 후에는 일주일간 집안청소, 빨래,
설거지 등 니가 다 한다.]

21. 모든 재산은 항상 공동명의로 한다.

[남자의 답변: 알겠다. 단, 결혼해서 집에서 돈 가져올 때 똑
같은 액수로 가져온다. 용돈은 각자 월급의 10% 혹은 같
은 비율로 한다.]

23. 집은 항상 깨끗하게 해놓는다.

[남자의 답변: 알겠다]

Black Humor

24. 6개월에 한 번씩 스케일링 받는다.
[남자의 답변 : 너도 6개월에 한 번씩 받아라.]

25. 매일 안마, 발 마사지 해 준다.
[남자의 답변 : 내가 10분 해 주면, 너도 10분 해 줘라.]

27. 밥 먹고 난 식탁은 바로 치우기.
[대신 음식준비, 설거지는 니가 한다.]

영어로 읽는 유머

Patient : Doctor, I have a serious memory problem. I can't remember anything!

Doctor : So, since when did you have this problem?

Patient : What problem?

환자 : 의사 선생님, 저는 기억력에 심각한 문제를 갖고 있습니다. 어떤 것도 기억할 수가 없어요.

의사 : 그러면 언제부터 이런 문제를 갖고 있었습니까?

환자 : 무슨 문제입니까?

나하고 연예할까?

한 아가씨가 낮술을 먹고 어지러워 공원 의자에 앉았다.
주위에 아무도 없자

아가씨는 하이힐을 벗고 의자 위로 올라가 다리를 쭉 펴고 졸았다.

노숙자가 아가씨에게 어슬렁거리며 다가오더니 말을 걸었다.

"이봐, 아가씨! 나하고 연애할까?"

깜짝 놀라 잠이 달아난 아가씨가 노숙자를 째려보며 말했다.

"어떻게 감히 그런 말을 저한테 할 수 있죠?"

아가씨는 화가 나는지 목소리를 높여가며 계속 따졌다.

"이봐요! 나는 당신 같은 사람이 접근할 수 있는 그런 싸구려 연애상대가 아니예요!"

노숙자는 눈을 꿈쩍도 하지 않고 아가씨에게 말했다.

"그럴 마음도 없으면서 왜 내 침대에 올라가 있는 거야"

자랑하기

어느 한마을에 초등1학년 남자아이와 유치원생의 여자아이가 있었다....

남자아이는 어릴 적부터 성적호기심이 남달라서 여자아이들에게 치마를 들추는 행동을 자주 하고 다녔다

그러던 어느날 남자아이의 어머니가 여자아이를 맡아주기로 한 것이다.

그리고 어머니는 잠깐 시장에 다녀오신다고 하셨다.

남자 아이는 여자아이와 단둘이 있다는 흥분 감에 몸을 떨고 있었다 .....

그렇게 10분

20분

30분 남자아이는 더 이상은 참지 못할 정도 가 되었다/

남자아이는 여자아이를 들고침대로 들어가 문을 잠근 뒤 이불 속으로 집어넣고 ....

야광시계를 자랑했다

황당 유머

Q :

안녕하세요? 전 24세의 자유를 사랑하는 여성입니다.
문제는 어제 밤에 일어났습니다. 어제 밤에 제 남자 친구
와 화끈한 데이트를 했는데, 너무 열렬하게 한 나머지 몸
에 자국이 선명하게 남아버렸습니다. 내일 당장 수영장에
가기로 약속을 했는데, 남자 입술 자국이 남겨진 몸으로
는 도저히 창피해서 갈 수가 없을 것 같습니다.
어쩌면 좋죠?

A :

이차피 비키니 수영복으로 다 가려지는데 아닙니까?

황당 유머

Q :

안녕하세요, 아저씨? 저는 샛별 초등학교 5학년 2반 32번 맹짱구라고 합니다. 선생님이 숙제로 북극에 사는 동물 5개를 써오라고 내주셨는데, 저는 북극곰하고 펭귄 밖에 몰라요. 나머지는 아무리 생각해도 생각이 안나요. 어떻게 써서 가야되나요?

A :

북극곰 3마리, 펭귄 2마리라고 쓰세요.

황당 유머

Q :
저는 이번에 고등학교를 졸업한 사회 초년생입니다. 제 꿈은 만화 '드래곤볼'에 나오는 '트랭크스'의 머리 같은 헤어스타일을 하는 것입니다. 그런데, 문제는 좀처럼 가운데 가리마가 안 된다는 것입니다.
아~ 가운데 가르마를 하는 방법이 없을까요?
도와주세요.

A :
머리카락이 홀수이서 그렇습니다. 한 가닥만 더 심으세요.

황당 유머

Black Humor

Q :

안녕하세요? 전 이제 막 중학교에 입학한 학생입니다. 영어 숙제가 산더미 같은데 모르는게 너무 많습니다. 단어를 찾아오는 숙제인데 '작은 배' 라는 단어는 사전에 안나와 있습니다. 배가 ship 인 것은 알겠는데 작은 배는 도무지 알 수가 없습니다.

가르쳐주세요.

A :

'ship 새끼' 라고 쓰세요.

황당 유머

Q :

얼마 전에 '작은 배'의 영어 단어를 질문했던 중학생입니다. 선생님께서 대답해주신 답을 듣고 갔다가 죽도록 맞았습니다. 게다가 긴 영작 숙제까지 벌로 받았습니다. 영작 숙제를 그럭저럭 다 했는데 '삶은 계란'을 영어로 뭐라고 하는 지 도무지 모르겠습니다.
지난번과는 달리 성실한 답변을 부탁드립니다.

A :

'Life is egg' 입니다.

황당 유머

Black Humor

Q :

저는 맞벌이를 하고 있는 29세의 여성입니다. 일이 바쁘
기 때문에 남편과 저는 아이를 갖는 것을 원하지 않습니
다. 하지만 시부모님들은 시간이 없다는 저희들의 말을
들으려 하지 않으십니다. 저희는 정말로 시간이 없는데
요.

어떻게 설명을 드려야할까요?

A :

시간이 없으시다구요?

길어야 10분이면 되는 거 아닙니까?

황당 유머

Q :
영문과에 다니는 23세의 학생입니다. 학교에서 중간 고사 시험 대신에 즉석 회화를 본다고 합니다. 교수와 일 대 일로 회화를 해야 학점을 딸 수 있답니다. 하지만, 저는 회화에 관해서는 문외한입니다.
어떻게 해야 좋을까요?

A :
교수에게 'Can you speak korean?' 이라고 하십시오. 분명히 'Yes' 라고 할 테니 그 다음부터는 우리말로 하십시오.

황당 유머

Q : 안녕하세요? 전 7살 난 아이를 키우고 있는 기혼 여성입니다. 그런데, 요즘 들어서 아이가 자꾸 **빨간딱지**가 붙어 있는 비디오 테이프를 보려합니다. 녹색 딱지와 **빨간딱지**를 구별하는 방법을 가르쳐줬지만 이해를 못하는 것 같습니다.

아이에게 뭐라고 설명해야 할까요?

A :

목욕탕에서 '빨간 때밀이 타월'로 피가 나도록 때를 밀어주십시요. 그러면, 아이는 다음부터 때밀이 타월도 녹색만 쓸 것입니다.

바람난 아내!

Black Humor

결혼한 지 2년이 안 되는 철수는 요즘 눈이 뒤집힐 지경이다

아내가 다른 남자와 놀아난다는 소문이 있기 때문 그래서 확인을 해보기 위해 거짓으로 출장을 간다는 말을 했다

밤이 돼 자기 집 담을 뛰어넘어 침실로 가보니 아내가 다른 남자와 자고 있는 게 아닌가

소문이 사실임을 확인한 철수는

"내 이것을 그냥...."

그가 막 현관으로 달려가는 순간 누군가 그의 목덜미를 잡고 하는 소리

"어디서 새치기를 하려고 줄서!

216

거기 몇 번이죠?

어떤 남편이 직장에서 집으로 전화를 걸었다.

부인이 받지 않고 다른 여자가 받더니,

"저는 파출붑니다. 누구 바꿔 드릴까요?"라고 했다.

남 편: 주인 아줌마 좀 바꿔 주세요.

파출부: 주인 아줌마는 남편하고 침실로 가셨어요.

남편과 한숨 잔다고 침실에는 들어오지 말라고 했는데 잠시만 기다려보세요.

남 편: (피가 머리 꼭대기까지 솟구친다) 잠시만. 남편이라고 했나요?

파출부: 에. 야근하고 지금 오셨다고 하던데..

남 편: (잠시 생각하더니 마음을 가다듬고) 아주머니. 제가 진짜 남편입니다. 그동안 이상하다했더니...

간통현장을 잡아야겠는데 좀 도와주세요. 제가 사례는 하겠습니다.

파출부: 아니. 이런 일에 말려들기 싫어요.

남 편: 200만원 드릴 테니 좀 도와주세요.

한창 바쁠 때(?) 봉둥이로 뒤통수를 사정없이 내리쳐 기절시키세요.

만약에 마누라가 발악하면 마누라도 때려눕혀세요.

뒷일은 내가 책임지겠어요. 성공만 하면 200 아니 500 만원 드리겠습니다.

파출부는 잠시 후 다시 수화기를 들었다.

파출부: 시키는 대로했어요. 둘 다 기절했는데 어떻게 하죠?

남 편: 잘했습니다. 내가 갈 때까지 두 사람을 묶어두세요.

거실 오른쪽 구석에 다용도실이 보이죠? 그 안에 끈이 있으

니 빨리 하세요.

파출부:(주위를 한참 둘러보더니) 다용도실이 없는데요?

남 편: (잠시 침묵이 흐른 후) 거기 몇 번인가요?

누구의 잘못이 더 클까 ?

결혼한 지 20년 된 부부가 있었다. 그들이 섹스를 할 때마다 남편은 항상 불을 끄라고 했다. 그러던 어느 날 부인은 이것이 약간 우습다는 생각이 들어 남편의 습관을 깨뜨리겠다고 다짐했다.

남편과 격렬한 사랑을 나누던 어느 날 밤, 부인이 갑자기 불을 켰다. 그 때 그녀가 발견한 것은 바이브레이터. 경악을 금치 못하며 부인이 말했다.

"발기불능!! 어떻게 수십 년간 나한테 그걸 숨길 수 있지?"

그러자 그 남편이 대답했다.

"알았어. 내가 도구에 대해 설명할 테니 당신은 우리의 아이에 대해 말해봐!"

제비와 꽃뱀

Black Humor

어느 날 제비와 꽃뱀이 경찰에 잡혀갔다.
조서를 꾸미던 형사가 제비에게 당신 직업이 뭐요 하고 물으니
제비 왈

고추장사 입니다.

라고 대답했다.
형사가 하도 어이가 없어서
이번엔 꽃뱀에게 당신은 직업이 무어요 하고 물으니 꽃뱀이 한참 망설이다가
하는 말

작지만 알찬(?) 구멍가게요.

초코 우유

한국의 어느 대중목욕탕에서 있었던 일이다.

백인 여자가 자기 아이를 데리고 왔고 흑인 여자도 자기 아이를 데리고 목욕탕에 왔다.

물론 네 사람은 서로 모르는 사람이다.

그런데 공교롭게도 네 사람은 바로 옆에서 목욕하게 되었다.

네 사람은 비슷한 시기에 목욕을 끝내고 나왔다.

백인 여자가 수건으로 아이의 몸을 닦고 옷을 입히고 자신도 수건으로 몸을 닦고 옷을 입으려는데 백인 아이가 엄마에게

"엄마, 젖줘~"

옆에서 옷을 입고 있던 흑인 아이도

"엄마, 젖줘~"

두 아이가 각자 엄마 젖을 먹고 있었는데

백인아이는 우연히 흑인 아이가 젖먹는 것을 보더니 갑자기 울면서 투정을 부렸다.

"으앙!!~ 으앙!!~

엄마~ 나도 초코 우유 줘~"

221

야한 라디오

어떤 여자가 결혼을 했는데 남편은 섹스에는 전혀 관심이 없고 오로지 휴대용 라디오를 듣는 것에만 열중했다.

어느 날, 남편이 욕실에서 샤워를 하는 동안 여자는 남편이 금지옥엽 애지중지하는 휴대용 라디오를 숨겨놓고 알몸으로 침대에 누워 남편이 나오기를 기다렸다.

욕실에서 나온 남편은 언제나 그랬듯이 휴대용 라디오를 들으려고 했으나 테이블 위에 놓았던 휴대용 라디오는 없었다.

남편은 집안 구석구석 이 잡듯이 샅샅이 꼼꼼하게 찾았으나 찾을 수가 없었다.

그때를 기다렸다는 듯이 여자가

"제가 당신의 라디오에요.

오른쪽 가슴이 fm이고 왼쪽 가슴이 am이에요.

한번 작동시켜 보세요."

남편이 오른쪽 가슴을 한참 주무르다가

"뭐야? 이거 아무소리도 나지 않잖아?"

그러자 여자가 대답했다.

"건전지를 넣어야 소리가 나죠~"

배워요!

부부가 가축 전시장에 갔다

첫 황소의 안내문에는 "지난해 교미 50번, 이라고 쓰여 있었다.

아내는 남편을 보고 "일년에 50번을 했대요.당신도 배워요." 라고 했다

다음 황소는 "지난해 65회 교미로 적혀 있었다

"한 달에 다섯 번도 더 되네요.당신도 배워야 해요." 라고 했다

마지막 황소에는 "지난 해 365번 교미, 라고 적혀있었다.여자는 입이 딱 벌어지며

"어머 ,하루 한번이네요. 당신은 정말 배워야 해요." 라고 했다

그러자 남편은 아내를 보고

"어디 365일을 똑 같은 암소랑 하는지 가서 물어 봐요"

안 쓰는 물건

퇴근한 남편이 안방 문을 열어보니

아내가 고물장수와 한 몸이 되어 있는 게 아닌가.......

열 받은 남편이 무슨 짓이냐고...........

고래 ....

고래,.................

소리를 지르자..

아내가 말했다.

이 사람 와서 그러잖아요!

안 쓰는 물건 있음 달라고...

곶감세기

날이 저물어 곶감장수가

외딴집에 찾아가서 하룻밤 묵기를 간청했다.

그 집엔 딸과 며느리와 시어머니 셋이 살고 있었다.

저녁을 배불리 얻어먹은 곶감장수가 자리에 누워 잠을

자려했으나 여간해서 잠이 오질 않고 세 여자 얼굴만 삼

삼하게 떠오르는 것이었다.

그래서 이 곶감장수는

그 집 딸을 가만히 불러내어 말했다.

"나하고 한 번 같이 잡시다..

대신 그 일을 하는 동안에 수를 세면 수를 센 만큼 곶감

을 주겠소.. "

너무도 순진한 딸은 꼬임에 넘어가고 말았다..

그래서 그 일을 시작하는데...

숫처녀였던 딸은 열도 세지 못하고 그만 기절해 버렸다.

때문에 제대로 재미를 못 본 곶감장수는 다시 며느리를

불러내 똑 같은 제안을 했다.

남편이 장사를 떠난 지

석 달이 넘도록 돌아오지 않은 지라 이 며느리는 금방 꼬

임에 넘어갔다.
그리고 그 일을 시작하자마자 수를 셀 틈도 없이
흐으~응~!!! 오메 나 죽어!! "

이 모든 일을 문밖에서 엿듣고 있던 시어머니가
" 이 괘심한 것들!!
곶감을 얻을 수 있는 이 좋은 기회를 그렇게 놓치고 말다
니!! "
하고는 스스로 자청해서 들어갔다..
그러니... 곶감장수는 마다할 리가 없었다.

그런데... 이 시어머니야말로
20여 년을 독수공방으로 지내온 터라
일을 시작하자 마자
"억!"
하는 탄성이 나오는 것을 어쩌지 못했다.

곶감장수는 이 소리를 듣자마자
다짜고짜 시어머니의 따귀를 힘껏 때리면서 하는 말이..

" 아무리 곶감에 욕심이 생겨도 그렇지!

하나부터 안 세고 억부터 세는 사람이 어딨어!!

이 욕심 많은 사람아 ! "

그놈을 좀더 가두어 두어라

옛날에 왕이 자주 다니는 절에 한 여승이 머슴하나만 두고 살았대요.

근데 그 머슴 놈이 자꾸 자기를 탐내는 거 같아서 그놈을 내쫓고 왕에게 부탁하여 고자 한 놈 골라달라고 했대요.

왕은 전국의 고자를 모두 잡아오라고 했지요.

신하들이 100놈을 잡아와서 진짜 고자인지 시험했어요.

아랫도리를 모두 벗기고 그 앞으로 쥐기는 기생하나를 알몸으로 통과시켰더니 그 중에서 열 놈만이 당선됐지요.

다음은 그 열 놈 모두를 기생과 한방에 각각 재워 봤대요.

그래서 겨우 한 놈만 골라냈던거에요.

그놈을 여승에게 보내면서 우리나라에서 진짜 고자는 한 놈뿐이어라 했다지 않아요.

여승이 일을 시키면서 보니까 일도 잘하고 더욱이는 남녀자체를 전혀 분간 못하는 거 같겠지요 그래서 몹시 만족했어요.

어느 날 여승이 강가에서 목욕을 하는데 누군가 자기를 바라보는 느낌이 들겠지요.

228

돌아보니 그 머슴 놈이 자기를 멍하니 쳐다보고 있잖아
요.

여승이 급히 몸을 움츠리며

'너는 지금 무엇을 그렇게 바라보고 있느냐'

그러니까 그 머슴 놈은 눈이 둥그래 가지고

'스님의 몸은 소인과 다르게 생겼소이다. 두 다리 사이
에 있는 그것은 무엇이오니까?'

여승은 하도 어이가 없어 말을 못했대요.

아무리 고자라도 남녀의 거기가 다르다는 걸 모를 만큼
세상에 어두운 이런 놈은 생각도 못했으니까요.

그래서 여승은 이놈이 앞으로 다른 생각을 못하게 해야
겠다고 생각하고 왈

'이곳은 나쁜 짓을 한 놈들을 잡아 가두는 곳이다'

'그렇소이까' 머슴 놈은 세상 희한한 이치를 깨달은
듯이 연속 머리를 끄떡이며 돌아갔어요.

어느 날 여승이 밖을 내다보니 머슴 놈이 아랫도리를 벗
고 그 위에 스님의 두건을 올려놓고 왔다갔다하면서 어쩔
줄 몰라하겠지요.

여승은 머슴을 불러

"너는 지금 무엇을 하고 있느냐?"

그러자 머슴은

"스님 .큰일났소이다.

어떤 놈이 스님의 두건을 훔쳐갔는데 보이지 않소이다."

"이놈아 두건은 지금 네 앞에 걸려 있지 않느냐?"

그러자 머슴이 자기 앞을 내려다보더니

" 아! 네놈 이였구나 "

하면서 두건을 확 빼앗았어요.

그러자 큰 가지 같은 게 90도로 드러나질 않겠어요.

머슴 놈은 그걸 바라보며

"네놈이 스님의 두건을 훔치고 무사할 줄 알았느냐?

스님! 이놈을 스님의 그 감옥에 가둬 넣어야 겠소이다"

여승은 저놈이 정말 몰라서 그러는지 알고 그러는지 알

수가 없거든요,

그래도 제가 한소리가 있으니까 그놈을 가둬 넣기로 했

지요,

그놈을 한참 혼 낸 후에 머슴 놈이 하는 말이

"스님! 이놈이 이젠 잘못했다고 눈물을 뚝뚝 떨구는데

그만 내보내주소이다"

그러자 스님이 하시는 말

"아니다. 그놈이 두 번 다시 나쁜 짓을 못하게 좀더 가두어 두어라"

흔들어도 좋아 재발 싸지는 말아 줘

그녀가 내게 말했다..

아주 노골적이게 오늘밤을 꼴딱 새도 좋아

흔들어도 좋고

피가 나도 좋아.

제발 싸지만 말아 줘...

정말 부탁이야..

그녀가 너무도 간곡하게 원했다..

이상은 고스톱.

여자들이 버스기사아저씨를 좋아하는 이유

Black Humor

1. 커다란 물건을 가지고 다닌다.

2. 크기도 커다란 것을 마구 밀어붙인다.

3. 여러 명을 태워도 힘이 남아돈다.

4. 후진보다는 전진에 능하다.

5. 운전기술이 뛰어나다.

6. 좁은 길도 잘 파고든다.

7. 잠깐씩만 쉬었다가 금방 또 달린다.

8. 혹시라도 고장이 났을 땐 잠시만 기다리면 다른 버스를 태워준다.

9. 일단 타고나면 쉬지 않고 흔들린다.

10. 아침 일찍부터 밤 늦게 까지 계속 태워준다.

11. 언제 어디서나 태워준다.

12. 내가 만족하면 내릴 수 있다.

13. 내 마음대로 내려도 화내지 않는다.

14. 언제쯤 내리면 되는지 친절하게 가르쳐 주기도 한다.

15. 남자친구와 같이도 태워준다.

16. 여자친구와 같이도 태워준다.

17. 서로 자기 것에 타라고 경쟁하기도 한다.

18. 타다가 졸아도 괜찮다.

19. 졸다가 깨도 계속 달리고있다.

20. 남의 시선을 상관하지 않고 탈 수 있다.

21. 달릴 때 육 한 소리가 난다.

22. 넓은 길도 잘 달린다.

23. 길이 넓다고 화내지 않는다.

24. 넓은 길을 꽉채우고 잘 달린다.

25. 탁 트인 야외에서도 잘태워준다.

26. 아줌마도 태워준다.

27. 할머니도 태워준다.

28. 타는 사람에게 꼬치꼬치 물어 보지 않는다.

29. 처음 보는 사람도 잘 태워준다.

30. 처음 타는 사람도 쉽게 탈 수 있다

세 번 변하는 여자

에로영화를 보러갔다.

숨 막히도록 찐한 장면이 나오자

그녀는 내 허벅지를 꼬집으며 말했다.

연애 초반 : " 창.피.해 ! "

연애 중반 : " 죽.인.다 ! "

연애 후반 : " 잘.봐.둬 ! "

생일선물로 화장품을 사줬다.

그런데 그녀의 피부에 안 맞는 화장품인 것 같다.

그녀는 내 귀를 끌어대며 말했다.

연애 초반 : " 잘.쓸.께 ! "

연애 중반 : " 현.금.줘 !"

연애 후반 : " 바.꿔.와 ! "

찬스가 왔다. 졸아드는 가슴을 진정시키며 그녀에게 키스를

퍼부었다.

그런데 갑자기 그녀가 입술을 떼며 내게 말했다

연애 초반 : " 살.짝.해 ! "

연애 중반 : " 더.깊.게 ! "

연애 후반 : " 장.난.쳐 ? "

그녀의 기분이 울적한 것 같다.

분위기 바꿔주느라고 술이나 한잔하자고 했다.

그녀는 나를 빤히 쳐다보며 말했다.

연애 초반 : " 술.못.해 ! "

연애 중반 : " 취.해.봐 ? "

연애 후반 : " 배.채.워 ? "

그녀와 단 둘이 있고싶다. 그래서 1박 2일 여행이나 가자고
꼬드겼다.

그녀는 얼굴을 붉히며 말했다

연애 초반 : " 미.쳤.니 ? "

연애 중반 : " 책.임.져 ! "

연애 후반 : " 날.잡.아 ! "

그녀가 정말로 나를 사랑하는 지 의심이 간다.

목청을 깔고 그녀에게 물었다.

"날 사랑하니?" 그랬더니 그녀가 말했다.

연애 초반 : " 난.니.꺼 ! "

연애 중반 : " 죽.여.줘 ! "

연애 후반 : " 찢.어.줘 ? "

데이트 하는 도중에 나의 손길이 조금만 스쳐가도
찌릿찌릿한 곳은 어디냐고 장난스레 물었다.
연애 초반 : " 스. 친. 곳 "
연애 중반 : " 만. 진. 곳 "
연애 후반 : " 온. 몸. 통 "

야외로 놀러갔다.
그녀가 급한 볼 일을 보려는데 화장실이 없다.
그녀가 주위를 휙 둘러보더니 내게 말했다.
연애 초반 : " 멀. 리. 가 ! "
연애 중반 : " 보. 지. 마 ! "
연애 후반 : " 망. 봐. 라 ! "

그녀의 몸과 마음이 찌뿌둥하게 보인다.
그녀의 기분전환을 위하여 어디 가고 싶으냐고 물었더
니 말했다.
연애 초반 : " 노. 래. 방 "
연애 중반 : " 비. 됴. 방 "
연애 후반 : " 찜. 질. 방 "

전화통 붙들고 늦도록 그녀의 수다를 들어줬다.

이제 그만 전화를 끊으려 하자 그녀는 속삭이듯 내게 말
했다.

연애 초반 : " 잘.자.내.꿈.꿔 ! "

연애 중반 : " 너.무.외.로.워 ! "

연애 후반 : " 너.많.이.컸.네 ? "

그녀가 나 몰래 딴 남자들과 미팅하는 것을 현장에서 목격했다.

그녀는 묘한 표정을 지으며 내게 말했다.

연애 초반 : " 갈.증.해.소.용.이.야 ! "

연애 중반 : " 난. 2.프.로.부.족.해 ! "

연애 후반 : " 넌.물.만.먹.고.사.니 ! "

현명한 부인

Black Humor

한 부부가 호수가 휴양지에 휴가를 갔다

낚시광인 남편이 배를 타고 새벽 낚시를 나갔다 들어와서 낮잠을 자는 동안, 부인이 혼자 보트를 타고 호수 가운데까지 나가서 돛을 내리고 시원한 호수 바람을 즐기며 책을 읽고 있었다.

경찰 보트가 순찰을 하다가 부인이 탄 보트에 다가와 검문을 했다.

"부인, 여기서 무엇을 하고 계십니까?

"책을 읽고 있는데요, 뭐 잘못된 것이라도 있습니까?

"예" 이 지역은 낚시 금지 구역이라 벌금을 내셔야 겠습니다.

"아니, 여보세요, 낚시를 하지도 않았는데 벌금은 왜 낸단 말이에요?

"현장에서 낚시를 하고 있지는 않더라도, 배에 낚시 도구를 완전히 갖추고 금지 구역 내에 정박하고 있는 것은 벌금 사유에 해당됩니다.

"그래요? 그럼 난 당신을 성추행죄로 고발하겠어요"

Black Humor

"아니, 부인 난 부인에게 손도 댄 적이 없는데 성추행이 라뇨?

"당신도 시방 필요한 물건은 다 갖추고 내 가까이 있잖아요?

밤마다 신음소리를 내는 그녀(?)

Black Humor

그녀는 밤마다 나를 찾아온다....

오늘도 그녀는 깊은 어둠을 틈타 또다시 나를 찾아왔다.

그녀는 나의 그것을 갈구하고 있다.

그녀가 뜨거운 밤을 보내기 위해서는 나의 그것이 필요하다고 한다.

처음엔 마치 자신의 존재를 알리기라도 하듯이

나의 귓가에 애타는 신음소리를 낸다....아~

그러다가 천천히.....아주 천천히....

나의 몸 위로 올라탄다.

그리고는 나의 몸 어느 한 부위에...그녀의 입술을 부드럽게

갖다댄 뒤..

나의 그것을 찾는다..

그녀는 미친 듯이.....미친 듯이 빨아댄다...

그녀가 원하는 것을 갖기 위해...

그녀의 그러한 행위는 밤새도록 수차래 반복된다.

날이 밝을 때 즈음.자신의 욕망을 채운 그녀는 조심스럽게

또 다른 어둠을 찾아 떠나간다...

아~그러나 오늘도 그녀를 잡지 못했다.
내일은.... 내일은 반드시 그녀를 붙잡을 것이다!
아니! 붙잡아야 한다!
아무튼, 매년 여름 때면 찾아와서는

내 피만 먹고 간다

남자 기죽이는 방법

Black Humor

제대로 좀 해봐!

누군 제대로 안하고 싶어 안 하나?

나름대로는 최선을 다하고 있는데 미동도 안 하던 아내가 이런 말을 한다면, 남편은 그 즉시 풀죽어 영영 회복이 안될 수도 있다.

그렇게 하는 건 싫어!

매일 그 날이 그날 같은 섹스에서 탈피해 색다른 시도를 해보고 싶은 남편을 거부하는 아내. 섹시할 때조차 자신을 여왕처럼 받들어주길 원하는 아내의 이기적인 모습에 질리지 않을 수 있나?

아! 아프잖아!

다소 거친 남편의 동작 때문에 힘들더라도 이런 신경질적인 반응은 자제한다.

'그것도 좋긴 한데 이렇게 하는 게 더 좋아' 식으로 자신의 취향을 알려주는 게 더 바람직하다.

244

누가 들으면 어떡해!

주위 환경에 지나치게 민감한 아내는 피곤하다. 침대 소리가 거슬려서, 옆집에 교성이 들릴까봐, 때로는 베개 부시럭거리는 소리조차 참지 못하는 아내의 예민한 반응은 곧 섹스에 그만큼 몰입하지 못한다는 증거. 남편 역시 이런 아내의 반응 때문에 예민해지게 된다. 주위 다른 것에 완전히 신경을 끄고 오직 섹스에만 몰입하는 열정이 필요하다.

아직 멀었어?

남편의 사정이 뜻대로 되지 않을 때도 있다. 그런 남편에게 힐난조로 말하면 언 문고리에 찬물 붓는 형국으로 더 사태가 심각해진다. 남편의 사정지연은 물론 아내에게도 힘든 일. 그럴수록 남편의 기분을 맞춰주고 아내가 주도하는 등의 배려가 중요하다.

난 준비가 안됐어!

나름대로는 전희에 최선을 다했다고 생각하는 남편, 그러나 막 들어서려는 순간 아내의 제지는 잔뜩 일어났던 페니스를 다시 조용히 잠재우는 수면제가 된다. 가만있다가 막판에 분위기 깨는 여자는 재미없다. 남편의 기분에 부응해 함께 절정에 오르려는 노력이 중요하다. 인형처럼 누워있으면서 남편이 자신의 모든 것을 해결해줘야 한다는 생각은 상대를 피곤하게 할 뿐이다.

당신은 날마다 그 생각 뿐이야?

남편을 섹스환자로 몰아가는 말은 장난이라도 기분 나쁘다. 섹스는 두 사람이 마음이 맞아 하는 행위인데 마치 자신은 생각 없는데 늘 남편이 요구해서 마지못해 응하는 식의 말은 남편의 성욕을 꽝꽝 얼어붙게 하는 특효약!

영어로 읽는 유머

Black Humor

A guy went to a party without his wife.

He heard another guy say to his wife, "Pass the sugar, Honey." and "Pass the honey, Sugar."

He thought this sort of speech is a good idea.

The next morning when he and his wife are eating breakfast, he said to his wife,

"Pass the bacon, Pig."

한 젊은이가 아내 없이 파티에 갔다.

그는 다른 친구가 자기 아내에게 말하는 것을 들었다.

"꿀 같은 당신, 설탕 좀 줘요."

"설탕 같은 당신, 꿀 좀 줘요." 그는 이런 말이 좋은 생각이라고 여겼다. 다음 날 아침 그와 아내가 아침을 먹고 있을 때, 그는 아내에게

"돼지 같은 마누라, 베이컨 좀 줘요."라고 말했다.

유언

평소 아내 앞에서 오금도 못 폈던 공처가가 시름시름 앓다가 병이 깊어져서 죽게 되었다.

남편 : 여보, 나는 이제 얼마 못 살 것 같으니까 유언을 받아 적으시오.

아내 : 왜 자꾸 죽는다고 그러는 거예요?

남편 : 내가 죽은 다음에 당신은 부디 김 사장과 재혼을 해주길 부탁하오.

아내 : 김 사장이라는 작자는 당신과 동업을 하면서 당신 회사를 망하게 한 원수 아니에요?

남편 : 맞아. 그 놈이야! 그 놈에게 원수를 갚는 방법은 그것뿐이야.

황당유머

Black Humor

나 : 벙어리가 슈퍼에 가서 칫솔을 달라고 하려면 어떻게 해야 되지?

친구 : (막 이 닦는 척한다)이렇게 하면 되지.

나 : 그러면 장님이 슈퍼에 가서 지팡이를 달라고 하려면 어떻게 해야 되지?

친구 : (지팡이를 짚는척한다)이렇게 하면 되지.

나 : 하하하! 또라이야, 장님은 말할 수 있어.

친구 : 씹

황당유머

나 : (턱을 만지면서)야, 너 이마에 뭐 묻었어.

친구 : (턱을 만지며)안 묻었거든?

나 : 너 이마가 거기냐?

황당유머

나 : 이번에 답이 2개다!

친구 : 응!

나 : 저~기 저~기 산 넘고 산 넘고 산 넘어서 사과나무 가 한 그루 있다! 거기에 사과가 몇 개 열려있게?

친구 : 야 그걸 내가 어떻게 알아?

나 : 답을 알려줘도 모르냐? 내가 아까 처음 시작할 때 답이 2개라고 말했잖아.

친구 : 28

황당유머

White Humor

나 : 너 이제부터 절대로 "흰색"이래고 말하면 안 돼!

친구 : 응!

나 : (머리카락을 가리키며) 이거 무슨 색?

친구 : 당연히 검정색이지.

나 : 틀렸어! "검정색"이라고 말하면 안 된다고 했잖아.

친구 : 언제? "흰색"을 말하면 안 된다고 했었잖아.

나 : 땡! 속았네. 너 방금 "흰색"이라고 말했지?

황당유머

나 : 내가 새로운 아이큐 테스트인데 들어봐~ 뭔가를 모를 때 아이큐150은 "oh~ I don't no" 라고 하고, 아이큐 130은 "I don't no" 라고 하고, 아이큐 100은 "no", 아이큐 80밑으로는 "아니, 또는 몰라"라고 하는데…. (갑자기 의심스러운 듯) 너…. 이거 알고 있지? 그치?(시간을 끌지 말고 빨리 대답하라고 한다. 안 그러면 아이큐 150으로 된다.)

친구 : 아니…. 헉~!

이미 친구의 아이큐는 80이하였다.

황당유머

나 : 친구야, "닌자 거북이"를 열 번 외쳐봐.

친구 : 닌자 거북이, 닌자 거북이, 닌자 거북이, 닌자 거북이, 닌자 거북이, 닌자 거북이, 닌자 거북이, 닌자 거북이, 닌자 거북이, 닌자 거북이.

나 : 친구야, 세종대왕이 만든 배 이름은 뭐 게?

친구 : 거북선!

나 : 세종대왕이 배도 만들었다니.

White Humor

황당유머

나 : 너 두발로 걷는 쥐가 뭔 줄 알아?

친구: 몰라

나 : 미키 마우스잖아~ 똘추같애. 그럼 두 발로 걷는 개는?

친구: 몰라(또는 구피)

나 : 그럼 두발로 걷는 오리는?

친구: (자신 있게) 도널드 덕!

나 : 땡~ 오리는 다 두발로 걸어

White Humor

황당유머

나 : 가와 나와 다가 살았는데, 가와 다는 팬티를 입었대. 그럼 아무것도 안 입은 애는 누구게?

생각 없는 친구: 나.

나 : 어머? 너 팬티도 안 입고 학교에 왔니?

황당유머

나 : 캠퍼스라고 5번 말해봐~

친구 : 캠퍼스캠퍼스캠퍼스캠퍼스캠퍼스

나 : 3번 만 더

친구 : 캠퍼스 캠퍼스 캠퍼스

나 : 각도 잴 때 쓰는 기구는?

친구: 컴퍼스!

나 : 바보~각도 잴 때는 각도기를 쓰지 쯧쯧.

황당유머

나 : 내가 금붕어 삼행시 지어 볼게. 운 띄워 봐.

친구 : 그래, 금!

나 : 금요일에 누가 그러는데….

친구 : 붕!

나 : 붕어랑 너랑 IQ가 똑같다며?

친구: 어!

나 : 맞다고? 정말이었구나!

황당유머

나 : 야. 달리기를 하는데, 2등을 추월하면 몇 등이게?

친구 : 당연히 1등이지!(대부분이 1등이라고 말함.)

나 : 실망했다. 2등 추월하면 2등이지 1등이냐?

황당유머

나 : 자, 큰소리로 따라해. 히말라야!(악센트를 '히' 에 주고), 히말라야!(악센트를 '말' 에 주고), 히말라야!(악센트를 '라' 에 주고), 히말라야!(악센트를 '야' 에 준다.)

친구 : (똑같이 한다) 히말라야. 히말라야. 히말라야. 히말라야.

나 : 히! 말! 라! 야!

친구 : 히! 말! 라! 야!

나 : 세계에서 가장 높은 산은?

친구 : 히…말…라야?

나 : 그건 에베레스트야. 바보.

황당유머

나 : 야, 이번엔 잘해봐. (잔뜩 긴장을 준다.)

친구 : 알았어. (잔뜩 긴장)

나 : 달리기를 하는데 꼴등을 추월했어! 그럼 몇 등이냐?

친구 : 꼴등 다음이자나~(대부분이 이렇게 말함.)

나 : 미치겠다. 어떻게 꼴등을 추월하니?

황당유머

나 : 친구야, 100, 200, 300, 400, 500을 다섯 번 크게 해봐.

친구 : 100, 200, 300, 400, 500.

나 : 100 다음은?

친구 : 200!

나 : 100 다음은 101이야.

White Humor

남자와 여자의 몸 가격

남자가 여자에게 장난을 걸었다.

남자 : 여자의 몸값은 얼마나 갈까?

여자 : 글쎄….

남자 : 7,100원 밖에 안 돼.

여자 : 어째서?

남자 : 호박 한 개 2000원, 호빵 두 개 1000원, 건포도 2개 100원, 무 두 개 4000원이야.

듣고 있던 여자가 즉각 남자의 몸값을 계산했지.

여자 : 그럼 남자는?

메추리알 두 개 100원, 풋고추 한 개 20원….

총 쓸 만 한 건 120원어치 밖에 안 되네!

역풀이

전철역이름 풀이

친구 따라 가는 - 강남역

가장 싸게 지은 - 일원역

양력설을 쇠는 - 신정역

숙녀가 좋아하는 - 신사역

불장난하다 사고 친 - 방화역

역 3개가 함께 있는 - 역삼역

실수로 자주 내리는 - 오류역

서울에서에서 가장 긴 - 길음역

일이 산더미처럼 쌓인 - 일산역

이산가족의 꿈을 이룬 - 상봉역

23.5도 기울어져 있는 - 지축역

어떤 여자라도 환영하는 - 남성역

앞에 구정물이 흐르는 - 압구정역

미안하네 그만 까먹었네 - 아차산역

타고 있으면 다리가 저린 - 오금역

장사하는 사람들이 좋아하는 - 이문역

분쟁 시 노사 간에 만나야하는 - 대화역

죽은 이들을 기리기 위해 지은 - 사당역

마라톤 선수들이 가장 좋아하는 - 월계역

그대 의견을 꼭 들어 주겠소 - 수락역

스포츠 경기 때마다 바빠지는 - 중계역

길 잃어버린 아이들이 모여 있는 - 미아역

'양치기 소년' 의 주인공 사는 - 목동역

새벽부터 빈 물통 든 사람들이 몰려든 - 약수역

역내 화장실에 항상 뜨거운 물이 나오는 - 온수역

학교가기 싫어하는 애들이 가장 좋아하는 - 방학역

표 검사뿐만 아니라 집까지 속속들이 검사하는 - 수색역

구겨졌던 옷이 내릴 때 보니 말끔히 퍼져있는 - 대림역

대학도 아닌 역이 대학근처서 대학인 척하는 - 낙성대역

기초적인 바둑을 가르치는 학교가 있는 - 오목교역

맹자, 공자, 노자 등 성인들이 사는 - 군자역

젖먹이 아기들이 가장 좋아하는 - 수유역

영화감독들이 초조하게 기다리는 - 개봉역

수도를 틀어도 석유가 나오는 - 중동역

악마나 귀신들이 가장 싫어한다는 - 성수역

방귀로 알 수 있는 성격

* 엉뚱한 사람 :

재치기를 하며 방귀 뀌는 사람.

* 소심한 사람 :

자기방귀소리에 놀라 펄쩍뛰는 사람.

* 자만하는 사람 :

자기방귀소리가 제일 크다고 생각하는 사람.

* 불행한 사람 :

방귀뀌려다가 똥 싼 사람.

* 멍청한 사람 :

몇 시간 동안 방귀를 참는 사람.

* 난치한 사람 :

자신의 방귀와 남의 방귀를 구별하지 못하는 사람.

* 불안한 사람 :

방귀를 뀌다가 중간에 멈추는 사람.

White Humor

* 비참한 사람 :
  방귀를 못 뀌는 사람.

* 시대파악을 못하는 사람 :
  여자가 방귀뀐다고 투덜대는 사람.

* 귀여운 사람 :
  남의 방귀냄새를 맡고 뭘 먹었는지 맞히는 사람.

* 뻔뻔한 사람 :
  방귀 크게 뀌고 자지러지게 웃는 사람.

* 검소한 사람 :
  항상 여분의 방귀를 남겨두는 사람.

* 반사회적인 사람 :
  양해를 구한 뒤 혼자만의 장소에서 뀌는 사람.

* 감상적인 사람 :
  방귀뀌고 우는 사람.

■ 편·공저 대한유머동우회 ■
- 조선시대의 해학과 육담 한국야담
- 소화 고금소총
- 한국의 해학과 육담
- 한국의 전설 해학 야사 기담 전서

어쩌다 유머
: 1분이면 스트레스가 풀리는 유머

2023년 7월 1일 2판 인쇄
2023년 7월 5일 2판 발행

편   저 대한유머동우회
발행인 김현호
발행처 법문북스(일문판)
공급처 법률미디어

주소   서울 구로구 경인로 54길4(구로동 636-62)
전화   02)2636-2911~2, 팩스 02)2636-3012
홈페이지 www.lawb.co.kr

등록일자 1979년 8월 27일
등록번호 제5-22호

ISBN   979-11-92369-15-0 (03690)

정가   18,000원